카오스 공학

카오스 공학

견고한 시스템을 만드는 카오스 공학의 이론과 실제

러스 마일스 지음 권병섭 옮김

i!i
에이콘

에이콘출판의 기틀을 마련하신 故 정완재 선생님 (1935-2004)

어린 카오스 몽키, 내 딸 말리 마일스를 위해

이 책에 쏟아진 찬사

러스 마일스는 따라 하기 쉬운 카오스 툴킷 지침서를 통해 카오스 공학의 이론과 실제를 설명한다. 이 책은 카오스 공학을 시작하려는 모든 사람에게 훌륭한 내용을 제공한다.

— **애런 블로호비악**^{Aaron Blohowiak} / 넷플릭스의 엔지니어링 관리자 및 보고서 「Chaos Engineering」

(O'Reilly, 2017) 공동 저자

분산 환경의 시스템적인 취약점을 탐색하는 것은 클라우드 네이티브, 마이크로서비스 스타일 아키텍처를 운영하는 모든 조직에 있어 중요한 관행이다. 이 책은 카오스 공학을 성공적으로 이해하고, 구현하고, 채택할 수 있도록 도와주는 종합적이고 실용적인 안내서다. 이 책을 적극 추천한다.

— **크리스티안 포스타**^{Christian Posta} / Solo.io의 최고 현장기술 관리자^{Field CTO}

운영환경을 담당하는 모든 사람에게 실용적인 입문서다. 오늘날 우리가 구축하는 점점 더 복잡한 시스템에서 신뢰를 높이고자 카오스 공학을 시작하는 방법을 담고 있다. 여러분이 게임 데이[1]에 참여한 적이 없더라도 당장 시작하는 데 필요한 모든 프로세스와 도구를 배울 수 있다.

— **데니스 유**^{Denise Yu} / 피보탈의 수석 소프트웨어 엔지니어

---

1. 아마존의 테스트 이벤트로 컴퓨팅 용량의 계획 및 준비를 검증하고, 필요한 모든 운영 방식이 예상대로 작동하는지 확인하기 위한 행사다. 시뮬레이션 중 이슈가 있는 경우 재빨리 문제를 식별하고 신속하게 처리하는 과정을 통해 문제 해결 역량을 높일 수 있다. — 옮긴이

지은이 소개

러스 마일스 Russ Miles

무료 오픈소스 카오스 툴킷의 공동 창립자이자 ChaosIQ 프로젝트를 담당하는 회사의 최고 경영자다. 지난 3년 동안 스타트업과 기업을 도와서 취약점을 발견하고 학습하는 활동을 통해 그들이 가진 시스템의 복원력을 향상시켜왔다.

감사의 말

먼저 작업을 시작할 수 있게 도와주시고, 책을 쓰는 데 필요한 모든 어려움을 해결해주신 니키 맥도널드와 버지니아 윌슨에게 큰 감사의 말씀을 전한다. 또한 수많은 오타와 가이드를 무시한 문장에도 분별력을 갖고 책을 다듬어준 멋진 출판 팀에게 감사한다. 팀원들 모두 놀랍게 전문적이며 천사와 같은 인내심을 갖고 있다.

이 책의 기술 검토자 모두에게 감사한다. 책의 내용을 더 좋게 만들고자 바쁜 중에도 소중한 시간을 내줬다. 그분들은 정말 멋진 사람이다. 감사를 표한다.

전 세계의 카오스 공학 커뮤니티에 매우 감사한다. 여기에 모두 열거하기에는 너무 많은 이름이 있지만, 케이시와 노라에게 특히 감사한다. 두 사람은 카오스 공학 전자책을 통해 이 분야를 세상에 알렸고, 멋진 강연을 해줬다. 카오스 공학의 원칙, 믿을 수 없을 정도로 중요한 문서를 유지하고자 노력하는 모든 사람, 그리고 무료 오픈소스 카오스 툴킷에 기여하고 이를 사용하는 모든 멋진 사람에게 특별한 외침을 보낸다.

ChaosIQ의 동료들, 특히 실베인, 마크와 그랜트에게 감사한다. 특히 그랜트가 나의 초고를 이해하고자 머리를 긁적거리며 보낸 모든 시간에 큰 감사를 표한다. 너의 소중한 희생에 감사한다. 친구!

우리 가족에게도 매우 감사한다. 엄마와 아빠, 밥스와 애드(이슬라와 앰버 포함), 그

9

리고 리치와 조(루크와 레이아 포함) 여러분은 최고다. 그리고 내 딸이자 내가 아는 가장 재미있는 사람인 말리, 네가 계속 빛나길 바라, 귀여운 꼬마. 넌 아빠를 자랑스럽게 해.

마지막으로 소중한 독자 여러분, 감사합니다! 여러분께서 이 책을 즐기시길 바라며 어딘가에서 직접 만나길 기대합니다.

해피 카오스 공학!

옮긴이 소개

권병섭(sk.refresh@gmail.com)

지난 2005년, 개발자로 소프트웨어 세상에 첫 발을 내딛은 이후 프로덕트 매니저와 컨설턴트를 거쳐 클라우드 아키텍트로 디지털 세상에 참여하고 있다. 15년 동안 코드 수준의 디버깅과 문제 해결, 소프트웨어 제품의 전체 수명주기 관리, 디지털 솔루션의 컨설팅과 딜리버리를 경험하며 소프트웨어 신뢰성 및 카오스 공학에 깊은 관심을 갖게 됐다.

지난 해, 첫 기술서적을 번역한 이후 국내/외 양서를 널리 알리고 제작하는 일에 참여하고 있다. 또한 공유와 협업을 통한 개방적인 소프트웨어 세상에 일조하고자 오픈소스 커뮤니티에도 기여하는 중이다. 오픈소스 생태계 기술을 활용해 클라우드 네이티브 아키텍처를 구축하거나 클라우드 환경에서 카오스 실험을 계획하는 독자와도 꾸준히 소통할 예정이다.

옮긴이의 말

언제 어디서 튀어나올지 모르는 시스템 에러 때문에 걱정이 많았을 것이다. 뛰어난 센스로 복잡한 에러를 해결하더라도 더 큰 산이 연이어 버티고 있다. 클라우드 전환의 소용돌이 속에서 점점 작아지고 분리되는 소프트웨어 모듈, 그에 반해 시스템의 취약점은 더욱 깊이 숨어들고 그에 따른 영향력은 커져만 간다. 또한 이러한 문제는 시스템에 국한되지 않는다. 소프트웨어에서 시작해 플랫폼, 인프라, 프로세스, 나아가 사람과 조직에 이르기까지 취약점의 종류와 내용도 매우 다양해지고 있다.

그렇다면 과학과 응용 공학이 결합된 체계적인 접근 방식으로 이 모든 취약점을 완벽하게 해결할 수 없을까? 그리고 가능하다면 취약점을 미리 파악하고, 조치를 신속하게 취하고, 철저하게 검증하는 방식으로 실패의 위험을 사전에 차단할 수 없을까? 이미 눈치챘겠지만 100% 완벽한 사전 준비란 결코 존재하지 않는다. 다만 완벽에 가까이 다가가려는 노력이 있을 뿐이다. 카오스 공학은 그러한 노력 중 단연 최고라 할 수 있다.

꾸준한 연습과 실전 경험이 최고를 만드는 것처럼 카오스 공학은 카오스 실험을 체계적으로 계획하고, 이를 반복적으로 운영환경의 시스템에 적용하는 과정에서 취약점을 찾아 개선함으로써 최고의 시스템과 엔지니어를 만들어낸다. 이 책은 카오스 공학이 왜 필요한지 구체적으로 설명하며, 카오스 실험을 어떻게 계획하고,

자동화를 통해 반복하는 방법과 효과 등을 상세히 기술한다. 이론에 이어 카오스 실험을 정의하고 수행하는 예제와 코드 설명으로 곧바로 실전에 나설 수 있도록 돕는다. 따라서 최고의 카오스 엔지니어가 되기 위한 입문서로 안성맞춤이다.

사실 카오스 공학은 국내 소프트웨어 환경에서 도입이 쉽지 않다. 기능 요건의 우선순위에 밀려 소프트웨어 품질 개선 및 코드/시스템의 유지 보수 활동이 등한시되고 있기 때문이다. 소프트웨어 외주 제작 문화와 소프트웨어 공학 성숙도의 저하는 이런 문제를 더욱 키워왔다. 하지만 소프트웨어 세상의 패러다임이 급격히 변화하고 있다. 클라우드와 빅데이터, 인공지능으로 대표되는 디지털 트랜스포메이션에 의해 기존 방식은 점점 존재 가치를 잃어가고 있다. 누구나 클라우드 전환을 통해 인공지능 기술을 접목하는 지금 이 순간부터 카오스 공학은 적정 기술을 넘어 필수 기술로 자리매김할 수 있을 것이다.

차례

1부 카오스 공학의 핵심

2부 카오스 공학 자동화

3부 카오스 공학 운영

들어가며

카오스 공학의 과학적 원칙을 다루는 실무자를 위한 책이다. 카오스 공학은 전반적인 복원 공학의 접근 방식 중 하나로, 시스템 중단 같은 위기를 초래하기 전에 시스템 취약점의 증거를 찾아내는 특정한 목적을 제공한다. 독자 여러분과 동료뿐만 아니라 전체 사회공학 시스템이 신뢰성에 대한 위협을 연습하고 대응하는 방법에 관심 있다면 카오스 공학이 적합하다.

이 책의 대상 독자

운영환경에서 어떤 식으로든 자신의 코드를 책임지는 사람들을 위한 책이다. 즉, 개발자, 운영자, 데브옵스 담당자를 의미할 수 있다. '어떤 식으로든 책임지는'의 의미는 실행 중인 시스템의 가용성, 안정성, 전반적인 견고성을 책임진다는 말이다. 그리고 시스템이 중단됐을 때 만들어지는 협업 그룹의 일부가 될 수 있다는 의미다.

여러분은 담당하는 시스템의 안정성을 개선하려는 사이트 신뢰성 엔지니어일 수 있다. 또한 코드의 소유권을 갖지 못한 채 운영환경에서 데브옵스를 수행하는 팀에서 일할 수도 있다. 여러분의 책임 수준이 어느 정도든 간에 운영환경에서 코드가 실행되는 방식과 조직에서 운영환경을 잘 관리하는 큰 그림에 관심이 있다면 이 책이 그러한 과제를 해결하는 데 도움이 될 것이다.

이 책이 다루는 내용

이 책은 무료 오픈소스 도구, 특히 카오스 툴킷('예제 설명' 절 참고)을 사용해 카오스 공학을 수행하기 위한 실용적인 가이드다. 오픈소스 커뮤니티의 샘플을 통해 실무자에게 필요한 사고방식, 프로세스, 예제, 일부 도구를 소개한다. 실무자가 직접 작성했기 때문에 성공적인 카오스 공학 실험을 계획하고 실행하는 방법을 배울 수 있다(3장과 5장 참고).

카오스 공학은 과학적 방법을 따른다. 1부에서는 카오스 공학 과학자처럼 생각하는 방법(1장 참고), 카오스 실험을 위해 준비된 가설 백로그를 만드는 방법을 배운다 (2장 참고). 마지막으로 소중한 가설을 완전한 카오스 공학 실험으로 발전시키는 방법, 게임 데이를 배운다(3장 참고). 2부에서는 카오스 공학 실험을 자동화하는 방법을 다루고, 카오스 공학을 어떻게 반복 학습 하는지 구현하는 방법을 탐구한다. 3부에서는 카오스 공학에서의 협력 및 운영상의 문제를 다룬다(9장 참고).

위와 같은 학습 경로를 통해 이 책은 지금 바로 전체 조직에서 카오스 공학을 안전하고 신중하게 도입하고자 필요한 모든 것을 여러분과 동료에게 제공하는 것을 목표로 한다.

이 책에서 다루지 않는 내용

1장에서 카오스 공학의 핵심 원칙을 정의해 실험에 적용할 준비를 하지만 그렇다고 이 책의 목표가 카오스 공학의 모든 이론적인 관점을 명확하게 정의하는 것은 아니다. 또한 원칙의 철저한 역사가 되려고 하지도 않았을 뿐더러(보고서 「Chaos Engineering」(O'Reilly, 2017)의 알리 바시리[Ali Basiri] 내용 참고) 카오스 공학의 미래를 추측하지도 않는다. 이 책은 잡음을 줄이고 가능한 한 빠르게 카오스 공학을 성공적으로 연습할 수 있도록 돕는다.

예제 설명

이 책에 수록된 모든 카오스 실험의 자동화 예제는 무료 오픈소스 카오스 툴킷을 사용한다. 카오스 툴킷은 커맨드라인 인터페이스[CLI, Command-Line Interface]이자 확장 라이브러리의 집합으로, 자동화된 카오스 실험을 작성하고 시스템을 대상으로 실험을 조정할 수 있게 한다.

이 책을 만드는 작업의 일환으로 오픈소스 커뮤니티는 카오스 툴킷 커뮤니티 플레이그라운드 프로젝트도 개발했다. 프로젝트의 목표는 커뮤니티가 협력할 수 있는 전체 애플리케이션 예제의 모음을 제공하는 것이다. 이를 매개로 카오스 실험, 취약점의 증거, 시스템 설계의 개선 사항까지도 누구나 배울 수 있게 공유한다(부록 B 참고).

예제 코드 사용

예제 코드와 연습 등의 추가 자료는 다음 사이트에서 다운로드할 수 있다.

https://github.com/chaostoolkit-incubator/community-playground

이 책은 독자 여러분이 실습 마칠 수 있도록 끝까지 돕는다. 일반적으로 책에서 제공하는 예제 코드는 여러분의 프로그램이나 문서에서 사용할 수 있다. 여러분이 코드의 상당한 분량을 복제하지 않는 한 저자에게 연락해 승인받을 필요가 없다.

예를 들어 이 책에 수록된 여러 부분의 코드를 사용해 프로그램을 작성하는 것은 허가가 필요하지 않다. 오라일리 출판사의 예제가 담긴 CD-ROM을 판매하거나 재배포하려면 허가가 필요하다. 책의 내용과 예제를 인용해 질문에 답하는 것은 허가가 필요하지 않다. 그러나 책의 예제 코드 중 상당한 분량을 여러분의 제품 설명서에 포함하려면 승인을 받아야 한다.

저작자 표시를 꼭 요청하지 않지만 저작자 표시를 해주는 것에 감사하게 생각한다. 일반적으로 저작자 표시에는 제목, 저자, 출판사 및 ISBN을 포함한다. 예를 들어 "러스 마일스의 『Learning Chaos Engineering』(O'Reilly), 978-1492051008"이다. 예제 코드의 사용이 불공정하거나 위의 예시에 벗어난다고 생각한다면 언제든 permissions@oreilly.com으로 문의하기 바란다.

이 책에 대한 의견이나 기술적인 질문이 있다면 bookquestions@oreilly.com으로 이메일을 보내주기 바란다.

오라일리 책, 강좌, 콘퍼런스, 뉴스에 대한 더 많은 정보는 오라일리 웹 사이트 http://www.oreilly.com를 방문하기 바란다.

이 책의 오탈자, 예제와 추가 정보는 원서의 도서정보 페이지 https://oreil.ly/learning-chaos에서 찾아볼 수 있다.

한국어판의 정오표는 에이콘출판사의 도서정보 페이지 http://www.acornpub.co.kr/book/chaos-engineering에서 찾아볼 수 있다.

한국어판에 관한 질문은 이 책의 옮긴이나 에이콘 출판사 편집 팀(editor@acornpub.co.kr)으로 문의해주길 바란다.

편집 규약

이 책에서는 아래와 같은 표기 규칙을 사용한다.

고정폭 글자

프로그램 목록뿐만 아니라 프로그램 요소를 설명하는 문단에도 사용된다. 예를 들면 변수, 함수 이름, 데이터베이스, 데이터 유형, 환경 변수, 문장, 키워드 등이 있다.

굵은 글씨의 고정폭 글자

독자가 문자 그대로 입력해야 하는 명령이나 다른 텍스트를 표시한다.

 이 요소는 팁이나 제안을 의미한다.

 이 요소는 일반적인 참고를 의미한다.

 이 요소는 경고나 주의를 나타낸다.

표지 그림

이 책의 표지에 있는 동물은 조프루아의 거미원숭이 또는 검은손거미원숭이다. 19세기 프랑스의 생물학자 에티엔 조프루아 생틸레르^{Étienne Geoffroy Saint-Hilaire}는 아메리

카에서 연구하는 동안 기록한 소수의 종에 조프루아라는 이름을 붙여줬다. 조프루아의 거미원숭이는 서식지 파괴로 인해 멸종 위기에 처해 있고, 중앙아메리카의 해안 열대 우림과 산림에서 산다.

검은손거미원숭이는 옅은 주황색, 녹슨 붉은색, 갈색 또는 검은색 털을 갖고 있다. 이름에서 알 수 있듯이 손에서 팔꿈치까지 검은 털을 갖고 있다. 거미원숭이는 유난히 긴 손가락을 갖고 있지만 엄지손가락은 퇴화해 흔적만 남아 있다. 팔과 다리도 눈에 띄게 길다. 몸 전체가 날씬해 보이며 팔은 다리보다 길고 꼬리는 몸보다 길다. 머리부터 꼬리까지 검은손거미원숭이의 크기는 약 90~150cm다. 무게는 6~9kg으로 주로 익은 과일을 먹고 산다.

검은손거미원숭이는 숲의 위쪽 나뭇가지가 우거진 곳에서 팔을 번갈아 매달려가며 이동한다. 한 팔에서 다른 팔로 바꿀 뿐만 아니라 걷거나 뛰거나 기어오른다. 올라가거나 팔을 바꿀 때는 꼬리를 마치 여분의 팔다리인 것처럼 가져와 덩굴을 잡는다. 검은손거미원숭이는 숲의 상단에서 9미터 이상 뛰는 것으로 알려져 있다. 좀처럼 땅에 내려오지 않는다.

그래서인지 연구자들은 위치를 추적해 어린 시절의 발달 단계를 확인했다. 암컷은 약 7.5개월 동안 새끼를 임신하고, 태어난 후 1~2개월 동안 새끼를 가슴에 안고, 그러고 나서 첫 1년 동안 간헐적으로 등에 업는다. 1년이 지나면 거미원숭이는 스스로 기어오르고 매달릴 수 있어야 한다. 짝짓기를 위해 암컷은 가족 그룹을 떠나 다른 그룹에 합류한다. 암컷은 평균적으로 2~4년마다 새끼를 낳는다.

조프루아의 거미원숭이는 사회적인 종이다. 개별 원숭이는 20~40마리의 회원으로 구성된 핵가족 사회에서 살고 있다. 그룹의 정확한 구성은 시간이나 활동에 따라 동적으로 이뤄진다. 예를 들어 식량을 구할 때 그룹은 2~6마리의 구성원으로 만들어진다. 검은손거미원숭이는 33년 동안 감금된 상태로 산 기록은 있지만 야생에서의 수명은 알려져 있지 않다.

오라일리 책 표지의 많은 동물이 멸종 위기에 처해 있다. 이 세상의 모든 동물들은 중요하다.

표지 그림은 카렌 몽고메리가 그린 것으로 라이데커 왕립 자연사의 흑백 판화에 바탕을 두고 있다.

1부
카오스 공학의 핵심

카오스 공학의 정수

여러분의 시스템이 운영환경에서 발생하는 충격이나 흔들림에 잘 대처하기를 원하는가? 전면적인 운영 중단이 발생하기 전에 인프라, 플랫폼, 애플리케이션은 물론 사람, 정책, 관행과 대본(플레이북)에서 취약점이 어디에 있는지 알아내기 원하는가? 사용자가 불만을 제기하기 전에 시스템의 취약점을 찾아내는 관행을 채택하고 싶은가? 그렇다면 카오스 공학에 온 걸 환영한다.

카오스 공학은 매우 흥미로운 학문으로, 시스템의 취약점이 위험한 문제를 초래하기 전에 취약점의 증거를 밝히는 것을 목표로 한다. 운영환경에서 발생하는 혼란스런 상황에 어떻게 반응할 것인지에 대한 유용한 통찰력을 얻고자 테스트를 통해 시스템을 실험한다.

1장에서는 카오스 공학이 무엇이고, 무엇이 아닌지 살펴보고, 이 책의 나머지 부분에서 다루는 주요 요소인 기술과 도구를 사용하는 올바른 사고방식을 안내한다.

카오스 공학의 정의

카오스 공학의 원리에 따르면 카오스 공학의 정의는 다음과 같다.

카오스 공학은 운영환경에서 발생하는 혼란스런 상황을 견딜 수 있게 시스템의 기능에 대한 신뢰를 구축하고자 시스템을 실험하는 원칙이다.

시스템의 사용자는 신뢰할 수 있는 시스템을 원한다. 많은 요인이 신뢰성에 영향을 미칠 수 있으며('어두운 부채의 위치' 절 참고), 카오스 엔지니어로서 예상하지 못했고 피할 수 없는 상황에서 시스템이 얼마나 탄력적인지에 대한 증거를 확립하는 데 집중할 수 있다.

카오스 공학의 유일한 목적은 시스템의 취약점에 대한 증거를 제공하는 것이다. 과학적인 카오스 공학 실험을 통해 시스템에 있는 취약점(때로는 '어두운 부채'라고 함)의 증거를 테스트해 시스템이 운영환경과 유사한 조건에서 혼란에 어떻게 반응할 수 있는지 통찰력을 제공할 수 있다.

어두운 부채란?

스텔라 보고서에 따르면 "어두운 부채Dark Debt는 복잡한 시스템에서 발견되며 이로 인해 발생하는 이상 현상은 복잡한 시스템 장애다. 어두운 부채는 생성 당시에 알아보기 어렵다. 어두운 부채의 영향은 개발을 방해하는 것이 아니라 이상 현상을 다시 만들어내는 것이다. 어두운 부채는 하드웨어나 소프트웨어가 프레임워크의 다른 부분과 예상하지 못한 상호작용으로 인해 발생한다. 이상 징후가 모습을 드러내기 전까지는 보이지 않기 때문에 어두운 부채에 대한 뾰족한 대책이 없다."

간단히 말해 충분히 복잡한 시스템은 시스템의 기능을 위협할 수 있는 놀라운 어두운 부채를 포함할 가능성이 있다. 어두운 부채는 최신 소프트웨어 시스템에 필요한 복잡성의 부산물이며, 의도적으로 설계될 수는 없다. 카오스 공학은 여러분이 어두운 부채의 증거를 찾게 도와주고자 존재하며, 시스템에 위험한 문제를 초래하기 전에 어두운 부채를 해결할 수 있다.

서로 통신하는 두 개의 서비스가 있는 예를 들어보자. 그림 1-1에서 서비스 A는 서비스 B에 의존한다.

그림 1-1 두 서비스로 이뤄진 간단한 시스템

서비스 B가 중단되면 어떻게 해야 하는가? 서비스 B가 느리게 응답하기 시작하면 서비스 A는 어떻게 될 것인가? 서비스 B가 일정 기간 이후에 다시 응답하면 어떻게 되는가? 서비스 A와 B 간의 연결이 점점 더 증가하면 어떻게 되는가? 서비스 B의 CPU가 최댓값을 초과하면 어떻게 되는가? 그리고 가장 중요한 것은 위와 같은 상황이 시스템의 사용자에게 무엇을 의미하는가?

이러한 모든 경우를 완벽히 수용하도록 서비스와 인프라를 설계했다고 생각할 수 있다. 하지만 어떻게 알 수 있을까? 매우 간단한 시스템에도 어두운 부채와 같이 다소 놀라운 상황이 존재할 수 있다. 카오스 공학은 시스템의 복원력에 대한 여러분의 가설이 현실 세계에도 영향을 미치는지 여부를 알아내고자 이러한 불확실성을 탐색하는 방법을 제공한다.

이미 내가 알고 있다면?

필자는 최근 "취약점이 있고 어떤 상황이 발생하면 시스템이 실패할 것을 알고 있는데도 카오스 공학을 할 필요가 있느냐?"는 질문을 받았다. 공정한 질문이고, 즉답은 "아니다"이다. 취약점이 있다는 것을 안다면 카오스 공학이 필요하지 않다. 대신 간단하게 우선순위를 정하고 취약점을 극복하라. 그러나 우리는 가끔 "강하게 의심한다" 또는 심지어 "믿는다"를 의미할 때 "알고 있다"라는 단어를 사용한다. 괜찮다. 하지만 카오스 공학은 그런 경우에도 여전히 가치를 제공할 수 있다. 여러분의 강한 의심이나 믿음을 뒷받침하는 취약점의 증거를 제공하기 때문이다.

또한 여러분이 "알려진" 것을 탐색하기 시작할 때 발견할 수 있는 취약점의 수를 절대 과소평가하지 말라. 그림 1-1에 표시된 두 서비스 간 서킷 브레이커의 구현을 고려해 보라. 여러분은 "서비스 A에 서킷 브레이커가 구현돼 있기 때문에 서비스 B의 장애에

도 시스템은 살아남는다는 것을 알고 있다"라고 쉽게 말할 수 있다. 하지만 상당히 확신에 찬 얘기일 뿐이다. 무슨 일이 발생할 것인지 정말 알고 있는가? 서비스 B의 성능이 저하되는 모든 경우에 서킷 브레이커가 어떻게 반응하는지 알고 있는가? 서킷 브레이커와 같은 복원 기능을 순진하게 적용하면 아예 없는 것보다 더 많은 문제를 일으킬 수도 있다. 카오스 공학은 피드백 루프와 다른 복원 기능을 탐색해 시스템의 다른 부분에 어떻게 반응하고 영향을 미치는지에 대한 실제 증거를 수집하기 때문에 여러분에게 도움이 된다.

카오스 공학은 전체 사회공학 시스템을 해결한다

카오스 공학은 소프트웨어 시스템의 기술적인 측면만을 다루는 것이 아니다. 전체 사회공학 시스템에 걸친 연구를 장려한다(그림 1-2).

그림 1-2 전체 사회공학 시스템에 포함된 몇 가지 측면

조직에 있어 카오스 공학은 위험 완화에 관한 것이다. 시스템 중단은 막대한 수익 손실을 의미할 수 있다. 심지어 내부 시스템의 실패조차 사람들이 정상적인 작업을 수행할 수 없다는 것을 의미하므로 또 다른 형태의 운영환경 중단인 셈이다. 카오스 공학은 운영 중단이 발생하기 전의 상태를 탐색할 수 있도록 지원하며, 조직

의 핵심을 공격하기 전에 시스템의 취약점을 해결할 기회를 제공한다.

운영환경에서의 실패가 'SNAFU[1]인 것이 현실이다. 소프트웨어가 실제 환경에서 가장 적대적인 스트레스를 받는 것은 오직 운영환경에만 해당되며, 아무리 사전 계획을 수립하더라도 중단을 완전히 피할 수는 없다. 카오스 공학은 다른 접근 방식을 취한다. 실패를 피하려고 노력하는 대신 카오스 공학은 실패를 받아들인다. 카오스 엔지니어는 시스템의 운영과 발전을 유지하는 데 필요한 인프라에서부터 사람, 프로세스, 관행에 이르기까지 모든 문제를 조사해 운영환경에서 전체 시스템의 복원력에 대한 신뢰와 자신감을 사전에 확립하는 실험을 구축한다(힌트, 모든 사람이다).

하지만 내 운영환경은 결코 실패하지 않는다...

실패하지 않는 운영환경은 거의 없다. 심지어 NASA에서조차 임무를 수행하는 운영환경에서 혼란스런 상태에 맞닥뜨린다. 아폴로 프로젝트 기간 동안 NASA에서 소프트웨어 프로그래밍 이사였던 마가렛 해밀턴[Margaret Hamilton]에게 물어보라. 그녀가 실패를 마주하지 않았다면 달 착륙은 일어나지 않았을 것이다.[2] 끊임없이 진화하는 소프트웨어, 하드웨어 장애, 일시적인 네트워크 단절 상태와 실제 사용자의 조합으로 구성되는 운영환경이야말로 여러분의 코드가 실패할 가능성이 매우 높은 적대적인 환경이라는 것을 의미한다.

카오스 공학은 운영환경의 적대적 특성을 수용하는 사고방식을 포함한다. 새로운 카오스 엔지니어가 적응할 수 있게 도와주고자 필자의 오토바이 강사가 가르쳐준 수업을 이용해보겠다.

---

1. SNAFU(Situation Normal All Fucked Up)는 '모든 사람이 혼란스런'이라는 의미로, 여기서는 일반 상황(Situation Normal)을 의미하지만 전체 접두어를 모두 사용했다. – 옮긴이

2. 마가렛이 어떻게 달 착륙을 위한 아폴로 프로젝트를 구했는지 전체 이야기는 나일 리차드 머피(Niall Richard Murphy)와 동료들의 『Site Reliability Engineering(사이트 신뢰성 공학)』(O'Reilly, 2016)의 서문을 참조하라. 여러분이 그 책을 읽고 나면 필자가 왜 마가렛 해밀턴이 훌륭한 복원 엔지니어였고, 마가렛의 딸 로렌을 '세계 최초의 카오스 엔지니어'라고 부르는지 이유를 알게 될 것이다. 부모를 위한 팁: 이 이야기는 딘 로빈스(Dean Robbins)가 쓴 『Margaret and the Moon』(Knopf Books for Young Readers, 2017)이라는 멋진 책에도 나와 있다.

여러분이 자동차 운전을 배울 때는 방어 운전하는 방법을 배운다. 도로에 있는 다른 사람이 여러분을 볼 수 없다고 항상 가정해야만 한다. 그렇게 하면 안전하게 운전할 것이다.

반면 오토바이 운전자는 도로 위의 모든 사람이 그들을 볼 수 있고, 그들이 죽기를 원한다고 배운다. 오토바이 운전자는 보행자와 반려견을 포함한 도로의 다른 이용자를 사이코패스 살인마로 대해야 한다. 이들이 움직이는 유일한 이유는 오토바이 운전자에게 사건을 일으키게 하기 위함이라고 생각해야 한다.

처음에는 극단적으로 들릴지 모르지만 이 방식은 효과가 있다. 모든 사람이 여러분을 잡으러 다닌다고 가정한다면 오토바이를 더 오랫동안 탈 수 있을 것이다. 도로의 다른 이용자가 얼마나 잘 행동할 것인지 불행한 가정을 하지 않아도 된다. 방어적으로 운전하는 것이 아니라 극도로 편집증적으로 타는 것이다.

카오스 엔지니어, 그리고 운영환경의 복원에 포함된 모든 사람은 오토바이 운전자가 도로와 다른 도로 이용자를 대하는 것처럼 운영환경을 다뤄야 한다. 운영환경은 수동적이지 않으며 적극적으로 여러분의 하루를 망치고 싶어 한다. 운영환경은 여러분이 언제 잠을 자는지, 언제 휴가를 가는지, 특히 언제 데이트를 하고 있는지 알고 있으며, 재미있고 흥미롭고 혼란스런 방식으로 여러분이 넘어지기를 기다리고 있을 뿐이다.

카오스 엔지니어는 운영환경을 담당하는 팀이 이러한 사실을 잊지 않도록 도와준다. 카오스 공학은 운영환경에 적대적인 요소를 완전히 무시할 수 없게 만들고, 팀이 실패를 수용하고 내결함성을 좀 더 갖춘 견고한 소프트웨어와 탄력적인 시스템을 구축하게 도와준다. 존 올스포[John Allspaw]가 트위터에 올렸듯이 "복원력을 갖추는 것은 카오스 실험을 수행하고자 시간과 관심, 직원에 투자하는 것이다."

어두운 부채의 위치

어두운 부채는 시스템 어디에서나 존재할 수 있다. 하지만 원래의 카오스 공학 도구는 시스템의 인프라에 초점을 맞추는 경향이 있다. 업계 최초의 도구로 인정받은 넷플릭스의 카오스 몽키는 시스템이 아마존 웹 서비스[AWS, Amazon Web Services] EC2 가상 머신의 죽음에 어떻게 대응할 것인지를 무작위로 제어되는 방식으로 탐색하는 기능을 제공하는 데 중점을 둔다. 그러나 어두운 부채가 존재할 수 있는 곳은 인프라뿐만이 아니다.

시스템의 잠재적인 취약점을 탐색할 때 고려해야 할 세 가지의 광범위한 실패 영역이 있다.

- 플랫폼
- 애플리케이션
- 사람, 관행과 프로세스

인프라 수준은 하드웨어, 가상 머신, 클라우드 공급업체의 인프라 서비스[IaaS, Infrastructure-as-a-Service] 기능 및 네트워크를 아우른다. 플랫폼 수준은 인프라보다 더 높은 추상화 단계에서 동작하는 쿠버네티스와 같은 시스템을 일반적으로 포함한다. 여러분의 코드는 애플리케이션 수준에서 상주한다. 마지막으로 그 위에서 움직이는 사람, 관행 및 프로세스를 포함하면 운영환경의 사회공학 시스템을 완성한다. 어두운 부채는 이러한 영역 중 하나 이상에 단독 또는 복합적으로 영향을 미칠 수 있다. 바로 이것이 카오스 엔지니어가 사회공학 시스템 전반에 걸쳐 어두운 부채의 증거를 찾을 때 모든 영역을 고려하는 이유다.

카오스 공학 프로세스

카오스 공학은 "이 경우 시스템이 무엇을 할 수 있는지 알고 있는가?"라는 질문으로 시작한다(그림 1-3). 이 질문은 이전 사건에서 유발되거나 단순히 하나 이상의 사건에 대한 담당 팀의 걱정에서 비롯된 것일 수 있다. 일단 질문을 받고 탐색해야 할 중요한 위험으로 이해하면(2장 참고) 카오스 공학 프로세스를 시작할 수 있다.

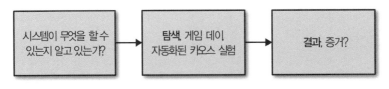

그림 1-3 카오스 공학 프로세스

질문을 시작으로 여러분은 카오스 공학 게임 데이 또는 자동화된 카오스 실험의 기초가 되는 가설을 공식화한다(다음 절에 자세히 설명). 게임 데이와 카오스 실험의 결과는 하나 이상의 취약점이 존재하고 개선 대상으로 간주돼야 하는 증거를 제공하는 관찰의 집합이 될 것이다.

카오스 공학 관행

대부분의 카오스 공학은 팀이 수동으로 실행하고 카오스 엔지니어가 지원하는 실험을 정의하는 것으로 시작한다. 수동 카오스 실험은 담당 팀과 이해 관계자가 모두 모여 운영환경에서 실패를 처리하는 방법을 평가할 수 있는 게임 데이(3장 참고)로 진행한다(사실 조직이 카오스 공학을 처음 접하는 경우 게임 데이 실험은 운영환경에서 직접 실행하는 것이 아니라 안전한 스테이징 환경에서 실행하는 경우가 더 많다).

게임 데이의 장점은 카오스 공학을 시작할 수 있는 기술비용이 적게 든다는 것이다. 그러나 시간과 노력 관점에서 게임 데이는 팀에게 더 큰 투자를 의미하며, 카오스 공학이 지속적으로 이뤄지면 빠르게 확장할 수 없게 된다.

새로운 소프트웨어의 배포와 사용자 행동의 변화뿐만 아니라 운영환경도 지속적으로 변경되기 때문에 여러분은 가능한 한 자주 카오스 실험을 수행하기 원할 것이다. 클라우드에서 동작하는 운영환경의 급변성을 고려하면 실패를 유발하는 조건이 초 단위는 아니더라도 분 단위로 바뀐다. 카오스 공학의 정의에서 운영환경을 괜히 '대혼란'으로 부르지 않는다.

자동화된 카오스 공학 실험은 이런 상황을 모면하게 해준다(5장 참고). 여러분이 선택한 도구를 사용해 조심스럽게 카오스 실험을 자동화해 최소한으로 또는 심지어 수동 개입 없이 원하는 만큼 자주 실행할 수 있다. 그리고 팀은 새로운 관심 영역에서 신규 카오스 실험을 구상하거나 새로운 기능을 개발하고 제공하는 등 다른 작업을 할 수도 있다.

샌드박스/스테이징 또는 운영환경?

조직이 카오스 공학을 도입하는 초기 단계일 때 더 안전하고 격리된 샌드박스 sandbox 또는 스테이징staging 환경에서 실험을 진행하려는 유혹이 강할 것이다. 이러한 접근 방식이 '잘못된' 것은 아니지만 장단점을 인식하는 것이 좋다.

운영환경에서 실험을 진행할 수 있는지 여부를 고려할 때 실제 운영환경의 사건을 유발하지 않도록 가능한 수준까지 폭발 반경이라 불리는 효과를 제한하는 것이 좋다.[3] 중요한 점은 폭발 반경의 크기와 상관없이 실험이 완전히 안전하지 않다는 것이다. 그리고 사실, 그렇게 돼서도 안 된다.

카오스 실험은 새로운 취약점을 발견하고 드러내려는 시도다. 실험의 알려진 잠재적 영향을 제한하는 것이 현명하지만 요점은, 여전히 취약점이 없다는 신뢰와 확신을 경험적으로 구축하고 매우 큰 취약점이라도 발견할 수 있는 통제된 위험을 의도적으로 감수하는 것이다.

좋은 방법은 스테이징처럼 좀 더 안전한 환경에서 작은 폭발 반경 실험을 시작하고, 해당 환경에서 취약점이 없다는 확신이 들 때까지 폭발 반경을 늘리는 것이다. 그런 다음 실험을 운영환경으로 변경하고 폭발 반경을 다시 초기화해 진행하면 운

---

3. AWS의 선임 기술 전도사인 애드리안 혼스비는 강연에서 "카오스 엔지니어는 폭발 반경에 집착해야 한다"고 말했다.

영환경에서 취약점을 발견할 수도 있다.

스테이징 또는 기타 안전한 환경에서 게임 데이나 자동화된 카오스 실험을 진행하면 실험이 통제를 벗어난 경우에도 시스템 실제 사용자의 경험을 방해하지 않는 장점이 있지만, 운영환경에서 존재하는 취약점의 실제 증거를 발견하지 못하는 단점도 있다. 카오스 실험의 결과는 바로 운영환경의 증거로, '단지 스테이징 환경에서' 취약점을 발견했을 때 손실될 수 있는 시스템의 복원력을 높이라는 무시할 수 없는 압박을 준다.

운영환경이 가져다준 학습 레버리지

필자는 카오스 실험의 결과를 가능한 한 무시하지 못하게 만들 필요성 때문에 가능하면 안전하게 실험을 운영환경으로 반영하는 방법을 고려하도록 조직에 권장한다. 결국 운영환경에서는 모든 사람이 여러분의 비명 소리를 들을 수 있다.

카오스 공학과 관찰 가능성

어떤 시스템이든 카오스 공학을 작은 방법으로 즉시 적용하면 바로 혜택을 볼 수 있다. 반면 카오스 공학 실험이 즉각적으로 의존할 최소한의 중요한 시스템 속성 중 하나는 바로 관찰 가능성observability이다.

채리티 메이저스Charity Majors[4]는 관찰 가능성을 실행 중인 시스템을 디버깅하는 능력이라고 설명한다. 시스템이 실행되는 동안 시스템을 이해하고, 조사하고, 탐색하고, 질문하는 능력은 디버깅 가능성debuggability의 핵심이다.

카오스 공학(특히 자동화된 카오스 실험)은 시스템의 관찰 가능성을 장려하고 이에 의존하므로 실험에 의해 야기된 혼란스런 상황에 대한 시스템 반응의 증거를 감지할 수 있다. 카오스 공학을 도입하기 시작했을 때는 시스템 관찰 가능성이 좋지 않

---

4. 복잡한 시스템의 반복적인 디버깅을 도와주는 허니컴의 공동 창립자이자 엔지니어

더라도 운영환경에서 시스템 디버깅의 가치와 필요성을 금방 알게 될 것이다. 따라서 카오스 공학과 관찰 가능성은 종종 서로 연관돼 있으며, 카오스 공학은 시스템의 관찰 가능성을 향상시키는 하나의 강제 요인이 된다.

'카오스 엔지니어'가 있는가?

카오스 공학은 운영환경에서 소프트웨어를 담당하는 팀원 모두가 유용하게 사용할 수 있는 기술이다. 테스트를 작성하는 것이 모든 사람의 책임이듯 실험을 구상하고 게임 데이를 진행하고 자동화된 카오스 실험을 작성하는 것은 팀원 모두가 잘 수행할 수 있는 규칙적이며 일상적인 업무의 일환이다. 이렇게 보면 모두가 카오스 엔지니어며 상근 역할이라기보다 부가적인 스킬에 가깝다.

넷플릭스 같은 대기업은 상근직 카오스 엔지니어를 고용하고 있지만 그들의 업무는 여러분의 예상과 상당히 다르다. 이들은 워크숍, 아이디어 제시, 도구를 통해 카오스 공학을 수행함으로써 소프트웨어를 보유한 팀을 지원하는 형태로 협력한다. 그들은 가끔 여러 팀에 걸쳐 커다란 카오스 실험을 조정하기도 한다. 그들 자신의 놀라운 카오스 실험으로 다른 사람의 시스템을 공격하는 일은 하지 않는다. 그렇다면 이는 과학이 아니라 가학증일 것이다.

따라서 카오스 공학은 모든 사람이 연습을 통해 배울 수 있지만 여러분의 회사에는 팀을 지원하는 전용 카오스 엔지니어 그룹, 심지어 전용 복원 공학 그룹이 있을 수 있다. 가장 중요한 것은 모든 사람이 알 수 있고, 카오스 실험에 참여할 수 있고, 실험 결과를 통해 배울 기회가 있다는 사실이다.

요약

1장의 목표는 카오스 공학의 원칙을 최대한 많이 추출해 여러분 자신만의 카오스 공학 실험을 성공적으로 만들고, 실행하고, 배울 수 있게 하는 것이다. 카오스 공학이 무엇에 유용한지와 카오스 엔지니어처럼 생각하는 방법을 배웠다.

또한 게임 데이와 자동화된 카오스 실험에서 카오스 공학을 구성하는 관행과 기술의 개요를 습득했다. 마지막으로 카오스 엔지니어의 역할이 팀 내에서, 그리고 팀과 함께 성공적으로 작동하는 방법을 배웠다.

이것만으로도 카오스 공학이 무엇인지는 충분히 알 수 있다. 이제 카오스 공학 실험의 가설 집합을 찾고, 확인하고, 우선순위를 결정하는 방법을 배우면서 원칙을 적용하기 위한 첫걸음을 내딛을 시간이다.

## 2장

가설 백로그 작성

카오스 공학의 목적은 매우 혼란스런 상황에서 전체적인 사회공학 시스템이 어떻게 작동할 것인지에 대한 신뢰와 자신감을 쌓도록 돕는 것이다. 시작하기 위한 한 가지 방법은 바로 그 속으로 들어가 혼란스런 상황을 도입하는 것이다. 네트워크를 단절시키고, 지연시간을 주입하고, 무엇이 붕괴되는지 확인한다.[1]

하지만 잠시 기다려보자. 운영환경에서 카오스 몽키의 사슬을 풀기 전에 여러분이 카오스에서 뭔가를 배워야 한다는 것을 기억하라. 이는 카오스를 유발하는 행동보다 더 많은 활동이 필요하다는 의미다. 즉, 과학적 방법을 따라야 한다.

카오스 공학을 수행하지 않는 방법

사슬이 없는 카오스 몽키는 여러분의 경험에 따라 재미있고 흥미롭거나 무섭게 들릴 수 있다. 이런 경우 카오스 공학을 하지 않는 정확한 방법의 실사례 연구가 될 수 있다.

필자는 다음과 같이 시작된 고객의 전화를 받았다.

고객: "우리는 카오스 공학을 고려중이고 당신의 도움이 필요할 수 있습니다."

필자: "좋아요, 무엇을 도와 드릴까요?"

---

1. 특히 마조히즘과 같은 느낌이 들도록 운영환경에서 진행할 수 있다.

고객: "방금 카오스 몽키를 실행했어요."

필자: "네"

고객: "… 운영환경이에요."

필자: "아, 한참동안 카오스 몽키를 그대로 내버려 두셨나요?"

고객: "모두 다 망가져 버렸어요."

필자: "아."

고객: "그럴 줄 알았어."

필자: "네, 지금 당장 중단해야 한다고 생각합니다. 당신은 실제로 카오스 엔지니어가 아니에요."

카오스 공학은 단순히 무언가를 깨뜨리는 것이 아니다. 여러분의 목표가 그렇다면 결과는 사용자의 고통뿐일 것이다. 카오스 공학이 통제되고 훈련된 과학적 접근 방식이라고 말하는 이유가 바로 이것이다. 카오스 엔지니어로서 우리는 "먼저 무엇을 깨뜨릴 수 있나요?"가 아니라 "무엇을 배워야 하나요?"라는 질문으로 시작한다.

실험으로 시작할 것인가?

카오스 공학이 과학적 방법을 따른다면 실험으로 시작하는 것이 올바른 선택 같아 보인다. 그러면 곧바로 "어떤 실험이요?"라는 과제가 주어진다. 실험은 종종 복잡하고 세밀하며, 더 중요한 것은 실험을 계획하고 실행하는 데 많은 작업이 필요하다는 것이다. 결국 실험을 수행하지 않기로 결정한다면 그동안 들였던 막대한 노력이 낭비된다.

좀 더 나은 접근 방식은 시간과 노력을 본격적으로 투자하기 전에 한 걸음 물러서서 가치 있는 실험이 무엇인지 파악하는 것이다.

어떤 실험이 신뢰와 자신감을 쌓을 수 있을까?

카오스 공학은 "어디에서 카오스를 발생시킬까?"라는 질문에서 시작하지 않는다. 대신 "혼란스런 상황에서도 우리 시스템에 대한 신뢰와 자신감을 쌓는 데 도움이 되도록 어디에서 실험을 시작할까?"라는 질문으로 출발한다.

실패와 카오스를 주입하거나 전면적인 실험을 설계하기 전에 "어떤 아이디어에 대한 지지 또는 반박 증거를 수집하기 원하는가?" 또는 더 간단히 "무엇이 잘못될 수 있을까?"라고 묻기 시작하라. 이러한 질문이 가설의 본질이며 어떤 실험에 투자할지 파악하는 열쇠는 시스템에 대한 질문의 백로그를 작성하는 것에서부터 시작한다. 이 질문의 집합을 가설 백로그^{Hypothesis Backlog}라고 한다.

가설 수집

시스템이 어떻게 정상 상태에서 이탈할 수 있는지에 대한 가설의 근원은 많다.

- 과거의 사건을 분석한다.

- 이상적으로는 일반적이고 상세한 시스템 스케치를 사용해 "~라면 무슨 일이 일어날 수 있을까?" 또는 "우리를 걱정하게 만드는 것은 무엇인가?"라고 질문한다.

다음으로 사건 분석과 시스템 스케치를 살펴볼 것이다.

사건 분석

사건 분석^{incident analysis}은 안전의 여러 측면과 어려운 상황에서 사람이 생각하고 동작하는 방식을 다루는 전체 작업, 심지어 그 자체가 한 분야다. 그 내용만으로도 한 권의 책이 될 정도다. 카오스 공학의 관점에서 사건 분석을 통해 원인을 규명하는 것은 카오스 실험에 대한 가설을 생각하기 시작하는 비옥한 토대가 된다.

하지만 여러 측면에서 "소 잃고 외양간 고친다"는 속담과 같다. 과거의 사건에서 학습하는 것은 복원력에 투자하는 어떤 팀에게도 필수적인 작업이다. 카오스 공학은 시스템이 개선됨에 따라 추가적인 취약점의 증거를 제공함으로써 학습에 도움이 된다. 그러나 과거의 사건에서만 학습하는 것은 '사후적' 접근이며 비용이 들고, 고통스러운 경우가 많다. 이러한 학습에 의한 접근 방법만 사용한다면 가장 가혹한 상황과 조건에서 얻은 증거를 기반으로 자연스럽게 반응해 의사 결정을 내릴 수 있다.

오로지 사건 분석에만 의존하는 대신, 카오스 공학은 우리에게 훨씬 더 적극적인 접근 방식을 제공한다. 사전 예방 방식을 생각하라.

시스템 스케치

시스템 스케치부터 시작하라. 팀이 한데 모여 연관된 모든 사람, 관행, 프로세스를 비롯해 시스템이 어떻게 생겼는지 자세히 설명하는 시스템 그림을 만든다.[2]

탐색할 수 있는 대상에 대해 구체적인 질문을 시작할 수 있도록 시스템 스케치는 매우 상세해야 한다. 스케치는 시스템의 실패에 대한 여러분의 감성을 만드는 첫 번째 단계다. 이러한 감성은 카오스 공학에만 특별한 것이 아니며 연습을 통해 더 많은 경험을 쌓을수록 시간이 지남에 따라 스킬로 발전할 것이다.

---

2. 시스템의 기술적 측면을 스케치하기 위한 지침으로 사이먼 브라운의 C4(Context, Containers, Components, Code) 접근 방식을 제안한다.

예제, 스케치, 출처

예제 애플리케이션의 스케치와 소스코드 세트를 제공한다. 카오스 툴킷 커뮤니티가 개발하고 기여 중이며, 깃허브의 커뮤니티 플레이그라운드 프로젝트에서 찾아 실행하고, 나아가 기여할 수도 있다. 프로젝트에 대한 정보는 부록 B를 참고하라.

여러분이 카오스 공학을 배우고자 책 전반의 코드를 정독하는 것을 넘어 여러분만의 프로젝트 복사본을 만들 것을 추천한다.

여러분은 결국 하나 이상의 스케치를 갖게 될 것이다. 어두운 부채가 존재할 수 있는 시스템의 각각 다른 영역에서 적어도 하나의 스케치를 갖는 것이 일반적이다. 다음 예제는 어두운 부채의 각 잠재적 영역에 대한 몇 가지 질문이다.

사람, 관행 및 프로세스

누가 시스템을 담당하는가? 지속적 통합 및 제공^{CI/CD, Continuous Integration and Delivery} 파이프라인은 무엇이며, 어떤 단계가 있는가? 어떤 모니터링 시스템을 보유하고 있으며 누가 담당하는가?

애플리케이션

애플리케이션 수준에서 설정한 제한시간은 얼마인가? 지속성을 가진 시스템이 통합돼 있는가?

플랫폼

시스템이 의존하거나 제공하는 플랫폼 서비스는 무엇인가? 쿠버네티스와 같은 컨테이너 조정 계층을 사용하고 있는가?

인프라

어떤 가상 머신, 실제 머신, 네트워크, 랙, 서버 등이 배치돼 있는가?

여기서 비결은 모든 사람이 여러분의 시스템 스케치를 이해할 수 있도록 최대한 깊이 있고 자세하게 작성하는 것이다. 이를 통해 "무엇을 탐색하고 싶은가?"라는 매우 중요한 질문을 하기 전에 정확한 기준 그림을 얻을 수 있다.

정신 모델 가다듬기

사회공학 시스템 전체를 총체적으로 스케치하는 과정은 과소평가될 수 없다. 시간이 지나도 유지될 수 있는 방법으로 진행하는 것이 최선이다. 여러분은 시스템과 관련된 모든 사람의 정신 모델을 포착하고 명확히 하고 있다. 정신 모델을 공유하고 가다듬는 것은 일부 팀이 소프트웨어 기반 시스템과 함께 일하거나 심지어 개발 및 발전시킬 때 확신을 갖고 신속하게 처리할 수 있기 때문이다.[3]

"무엇이 잘못될 수 있을까?" 포착

이제 시스템 스케치를 사용해 다음과 같이 질문할 수 있다.

- "이것이 실패할 수 있을까?"

- "이전에도 문제를 일으킨 적이 있는가?"

- "실패한다면 다른 어떤 것이 영향을 받을 수 있을까?"

지금 단계에서는 어떤 질문이라도 시스템에 있는 실패 가능성을 탐색하는 데 도움을 준다. 여러분이 모든 것을 발견할 수는 없을 것이다. 하지만 괜찮다. 이 시점에서 중요한 것은 발생할 수 있는 실패의 집합을 많이 만드는 것이다.

전부 다 잡을 수는 없을 것이다... 영원히

복잡한 시스템의 특성상 도표와 대화만으로 모든 잠재적 실패를 식별할 수는 없다. 시스템을 오랫동안 실행하고 카오스 실험으로 탐색한 뒤에도 시스템은 여전히 여러분을 놀라게 할 수 있다. 카오스 공학은 가능한 한 많은 잠재적 놀라움을 미리 탐색하는 데 도움을 주지만, 완벽한 시스템을 보장하지는 않는다. 이것이 카오스 공학이 결코 끝나지 않은 또 다른 이유다. 카오스 공학은 설계와 시작부터 완전히 종료될 때까지

---

3. 제시카 커(Jessica Kerr)는 공유된 정신 모델을 이해하고 발전시키는 것의 가치와 높은 성과를 내는 팀에 어떻게 기여하는지에 대해 자주 말하고 글을 쓴다.

시스템의 전체 수명주기 동안 적용할 관행이다.

여러분과 팀이 강조하는 각각의 실패를 가능한 한 상세히 기술하라. 그림 2-1은 실패 카드의 예를 보여준다.

데이터베이스클러스터
(DB1)을 사용할수 없다.

그림 2-1 실패 카드

특히 다른 모든 수준의 공격과 그에 따른 복합 효과를 고려할 때 연습만으로도 수많은 가능한 실패를 종합적으로 생각해낼 것이다. 따라서 이 중요한 단계에 시간을 할애하라. 실패를 발견할 뿐만 아니라 카오스 엔지니어에게 필수적인 실패에 대한 민감성을 실제로 쌓을 수 있는 기회다.

가능성과 영향 소개

어느 순간 여러분은 팀의 아이디어가 고갈되거나 목록이 끝도 없다고 느끼기 시작할 것이다. 큰 실패 목록은 무서운 것이고, 그 자체로는 별로 도움이 되지 않는다. 그러나 좀 더 작업하면 필요한 것으로 바꿀 수 있다. 여러분의 실패 집합을 좀 더 유용한 것으로 바꾸고자 실패 모드와 효과 분석 라이트[Lite]라는 기술을 적용하려고 한다. 실패 모드와 효과 분석은 오랫동안 신뢰성 엔지니어의 공구상자에 포함됐던 강력한 기술이다.[4] 순전히 실패의 집합을 개선하고자 더 빠른 버전의 기술을 사용할 예정이며, 어떤 실패를 반드시 카오스 공학의 가설 백로그로 전환해야 하는지

---

4. 이 프로세스를 카오스 공학에 맞춰 적용할 수 있는 방법에 대해 모든 통찰력을 준 제니 마틴(Jenny Martin)에게 감사한다.

결정하는 데 도움을 준다.

지금까지 가설 백로그 작성의 첫 두 단계를 완료했다.

- 시스템 스케치를 상세하게 작성한다.

- 실제 시스템과 다양한 공격 방향의 관점에서 브레인스토밍하고 가능한 한 세부적인 시스템 실패의 집합을 수집한다.

다음 단계는 아래와 같다.

- 실패의 상대적 가능성과 영향을 이해하고, 논의하고, 계획하고, 동의한다.

가능성-영향 지도 작성

잠재적 실패의 집합이 실제로 유용하려면 약간의 양념이 필요하다. 추가할 양념에는 다음이 포함된다.

- 실패가 발생할 가능성[5]

- 시스템 실패 시 경험하게 될 잠재적 영향

이러한 정보를 고려해 가능성-영향 지도를 작성할 수 있다.

가능성은 단지 추측 아닌가?

여러 측면에서 가능성-영향 지도에 대해 고려할 가능성 수준은 단지 추측일 뿐이며, 현재 시점에서 필요한 것이다. 큰 목록에 있는 가정된 실패조차도 실제 영향을 제대로 알지 못한다. 그러므로 어떤 가설을 반영한 실험이 가치가 있는지 결정하게 되면 카오스 공학 실험은 증거를 찾는 데 도움을 줄 것이다.

---

5. 우리가 논의하고 있는 것은 공식적이고 수학적인 확률과는 거리가 멀기 때문에 여기서는 '확률'보다 '가능성'이라는 단어를 사용한다.

아직 수행하지 않았다면 먼저 각각의 상세한 실패를 카드나 스티커 메모에 기록하라. 그런 다음 그림 2-2처럼 '영향'과 '가능성'이라는 표시가 있는 큰 격자표를 만들어라.[6]

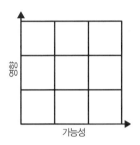

그림 2-2 비어 있는 영향과 가능성 격자표

이제 한 팀으로서 각각의 실패 카드나 스티커 메모를 모두 빠짐없이 가져와 지도의 어느 위치에 배치할지 논의한다. 고객 또는 사용자 경험에 큰 영향을 미치는 높은 가능성의 실패는(아마 자주 봤던 실패) 지도의 우측 상단으로 이동해야 한다. 거의 볼 수 없는 실패라고 예상한다면(그리고 실패가 발생하더라도 시스템의 사용자 경험에 거의 영향을 미치지 못한다면) 좌측 하단이 올바른 위치일 것이다. 여러분과 팀이 그림 2-3에 보이는 격자표를 만들 때까지 계속해서 실패를 지도 위에 배치하라.

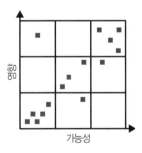

그림 2-3 영향 및 가능성 격자표에 놓여진 실패 카드

---

6. 이 연습에는 가능한 한 큰 화이트보드, 심지어 벽면까지도 사용하는 것이 좋다. '실패 민감도의 벽'으로 영구히 유지할 수 있다면 이상적일 것이다.

모든 카드가 영향이 크면서 발생 가능성이 높은가
아니면 영향이 적으면서 발생 가능성이 낮은가?

어떤 그룹이든 낙관주의나 비관주의에 대한 집단적 편견을 가질 수 있다. 즉, 그룹이 모든 실패를 우측 하단 영역에만 위치시키거나 좌측 상단 영역에만 무리 지을 수 있다. 예를 들어 이 연습이 자연적으로 낙관적 경향을 가진 팀에 의해 진행된다면 지도는 그림 2-4처럼 보일 수 있다.

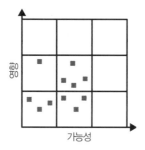

그림 2-4 낙관적일 실패 카드의 배치

이에 대한 한 가지 대응은 단순히 지도를 있는 그대로 두는 것이다. 결국 그 자체로 잘못된 것이 아니라 단지 한 그룹의 관점일 뿐이다. 하지만 이런 지도가 마음에 들지 않는다면 다음과 같이 쉬운 해결책이 있다. 그림 2-5에서 보여주는 것처럼 더 펼쳐지도록 지도의 배율을 조정한다.

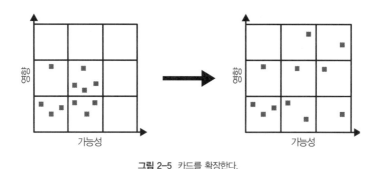

그림 2-5 카드를 확장한다.

이제 어떤 실패가 발생할 가능성이 높은지 추측하는 그림과 사용자 경험에 대한 잠재적 영향의 추정치를 볼 수 있다. 여러분은 이 시점에서 잠재적 실패 사례를 탐색하고자 카오스 공학을 적용하기 위한 계획을 세우기에 충분하다고 느낄 수 있다. 하지만 잠시 기다려라. 어떤 실패를 카오스 실험 가설에 적용하는지 알아내는 데 있어 이 지도를 더 유용하게 만들어줄 마지막 단계가 남아있다. 어떤 실패가 여러분이 가장 관심 있는 항목에 실질적인 영향을 미칠 수 있는지 알아낼 시간이다.

고려 항목 추가

여러분은 가능성과 잠재적 영향에 대한 추측으로 정리된 잠재적으로 걱정스런 실패로 가득한 지도를 갖고 있다. 가설 백로그를 작성할 때 탐색하고 선택할 수 있는 집합으로 변환하려면 한 가지 정보가 더 필요하다. 시스템이 특정 실패에 어떻게 반응하는지에 대한 신뢰와 확신을 구축하려면 여러분과 팀, 나아가 조직에 대한 가치의 추정치가 필요하다.

덧붙이기에는 복잡한 것처럼 들릴 수도 있다. 사고와 논의도 필요하지만 대개는 생각보다 간단하다. 여러분과 팀, 회사가 고려하는 또 다른 목록을 만들어야 한다. 이것을 '~성 분류 체계'라고 부른다.[7] "우리가 무엇을 고려해야 하는가?"라고 물으면 여러분은 다음 내용을 포함하는 목록을 찾을 것이다.

- 신뢰성
- 안전성
- 보안성
- 내구성

---

7. 수많은 고려 항목이 주로 '~성'이라는 글자로 끝나기 때문이다.

- 가용성

이 중에서 일부는 모든 사람이 동일한 맥락으로 생각하는지 팀 내에서 논의해야 할 수도 있다. 모두가 동의하는 한 여러분의 목록은 기존 목록과 상관없이 여러분이 고려하는 모든 것이 목록이 된다.

일부 실패 조건은 허용된다.

일부 실패는 영향이 큰 경우에도 허용된다. 따라서 실패를 극복하는 동안 각각의 실패에 대해 물어볼 필요가 있다. "허용할 수 있는 실패인가?" 그렇다면 '허용 가능'이라는 키워드로 표시하라. 즉, 이 실패는 카오스 공학을 통해 탐색할 시간과 노력을 투자할 가치가 없다는 선언을 의미한다.

이제 지도에 있는 각각의 실패를 다시 살펴보고 해당 실패가 발생하면 어떤 '~성' 내용이 영향을 받을 수 있다고 생각하는지 표시하라. 다시 한 번 말하지만 이것은 추측이며 모든 실패가 여러분이 고려하는 모든 것에 영향을 미칠 것이라고 결론짓는 것은 잘못이 아니다. 작업을 완료하면 각각의 실패는 그림 2-6의 예제와 같아 보일 것이다.

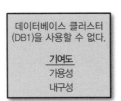

그림 2-6 기여도가 추가된 실패 카드

이제 다음 사항에 대해 종합적으로 이해하게 됐다.

- 발생할 것으로 추측할 수 있는 실패

- 특정 실패가 발생하면 추측할 수 있는 영향

- 실패가 발생할 것으로 추측하는 가능성

- 특정 실패가 발생하면 영향을 받을 수 있는 고려 항목

이제 마지막 단계(가설 백로그 만들기)를 수행하는 데 필요한 모든 것을 갖추게 됐다.

가설 백로그 만들기

카오스 실험은 가설에서 시작한다. 여러분이 이미 준비한 모든 것을 사용하면 다음 단계는 쉬울 것이다. 단순히 실패를 가설 백로그로 전환하는 것만이 아니다. 다음 단계로 진행할 가치가 있는 가설의 우선순위까지 정해 게임 데이(3장 참고)에서 사용할 완전한 카오스 실험이나 완전히 자동화된 카오스 실험(4장과 5장 참고)으로 전환해야 한다.

어떤 실패를 가설로 만들 가치가 있는지 팀원과 논의하라. 다음과 같은 조합을 기반으로 의사 결정에 필요한 모든 것을 갖추고 있어야 한다.

- 가장 중요한 '~성'에 매우 근접하며 영향이 크고 가능성이 높은 실패를 선택한다.

- 카오스 공학을 가능한 한 매우 안전하게 탐색할 수 있도록 가장 영향이 작은 실패를 선택한다.

- 가장 많은 '~성'을 가진 실패를 선택한다. 따라서 가장 큰 가치를 더 자세히 탐색할 수 있을 것이다.

여러분의 실패 지도는 원시 데이터를 제공한다. 어떤 기준을 적용할지 결정하는 것은 이제 여러분과 팀에 달려있다. 결국 여러분은 집중해야 할 실패의 부분집합을 갖게 될 것이며, 이를 가설로 변환하려면 실패의 용어를 '발생하는 것과 그 영향'에서 '발생했을 때 영향을 받지 않을 것'으로 바꾸기만 하면 된다.

예를 들어 그림 2-6의 실패 카드를 사용하라. 그림 2-7에서 설명한 것처럼 강조점을 전환해 가설 카드로 변환할 수 있다.

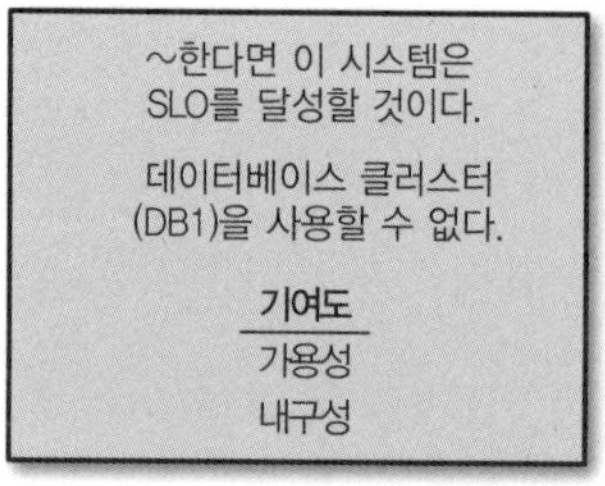

그림 2-7 가설 카드

이제 새롭게 발행된 가설 카드에는 다음과 같이 적혀 있다. "데이터베이스 클러스터 (DB1)을 사용할 수 없게 되면 시스템은 서비스 수준 목표를 달성할 것이다." 여기서 SLO^Service Level Objective는 서비스 수준 목표를 나타낸다. 이 가설은 카드가 가능성-영향 지도에서 영향이 높은 실패로 배치되고, 내구성과 가용성의 측면에서 시스템에 대한 신뢰와 자신감을 구축하는 데 기여하는 것이 중요하기 때문에 실험에서 우선순위를 높게 지정할 가치가 있다.

요약

잠시 음료수로 휴식을 취하자. 여러분은 먼 길을 왔다. 1장에서는 잠재적 실패 목록을 어떻게 작성하는지와 영향, 가능성, (~성) 가치를 추가해 이러한 실패를 카오스 공학 실험으로 고려할 준비가 된 우선순위를 가진 가설 백로그 집합으로 전환하는 방법을 배웠다.

재충전 뒤에는 게임 데이를 계획하고 실행하는 것을 통해 가능한 한 가장 간단한 방법으로(그리고 가장 저렴하고, 도구 관점에서) 이러한 가설 중 하나를 살펴보고 탐색할 시간을 갖게 될 것이다.

## 3장

수동 게임 데이 계획과 실행

운영환경에서의 사건 이후 다음과 같은 얘기를 몇 번이나 들었는가?

"우리는 사건에 대해 준비돼 있지 않았다."

"대시보드가 켜졌을 때 우리는 어디를 봐야 할지 몰랐다."

"알람이 울리고 있었고, 우리는 그 이유를 알 수 없었다."

사회공학 시스템의 취약점에 대해 배우고 시도하기에 절대적으로 최악의 시간은 사건이 발생하는 동안이다. 공황 상태며, 스트레스가 넘치고, 심지어 분노까지 폭발할 수 있다. "잠시 뒤로 물러서서 어떻게 이런 일이 일어났는지 자문해 볼까요?"라고 제안하는 사람이 될 때가 아니다. 여러분이 운이 좋고 사람들이 지나치게 공손하다고 느낀다면 "너무 늦었어요. 이미 일어나고 있어요"라고 답변할 것이다.

카오스 공학은 이러한 취약점이 사건으로 연결되기 전에 시스템 취약점의 증거를 수집하게 돕는 단 하나의 목표를 갖고 있다. 시스템의 수많은 복합된 잠재적 취약점과 재앙적인 취약점을 모두 발견할 것이라고 보장할 수는 없지만 미리 시스템의 취약점을 탐색하는 것은 훌륭한 공학적 감각이다.

지금까지 여러분은 혼란스런 상황이 발생했을 때 시스템이 어떻게 반응해야 하는지에 대한 가설을 갖고 있다. 다음 단계는 일부 도구를 손에 쥐고 운영환경에서 작업을 시작하는 것이다. 맞는가? 틀렸다.

카오스 공학을 시작하는 가장 저렴한 방법에는 도구가 필요 없다.[1] 여러분의 노력과 시간, 팀의 시간, 그리고 이상적으로 시스템의 신뢰성에 관계있는 모든 사람의 시간을 필요로 한다. 노력과 시간만 있으면 게임 데이를 계획하고 실행할 수 있다.

게임 데이란?

게임 데이는 연습 행사로 하루 종일 걸릴 수도 있지만 보통 몇 시간만으로 충분하다. 게임 데이의 목표는 여러분과 팀, 지원 시스템이 실제의 혼란스런 상황을 어떻게 다루는지 연습하는 것이다. 종합적으로 다음 내용을 탐색한다.

- 경보 시스템이 얼마나 잘 작동하는지

- 팀원이 사건에 어떻게 대응하는지

- 시스템의 정상 여부를 나타내는 지표가 있는지

- 기술 시스템이 혼란스런 상황에 어떻게 반응하는지

게임 데이는 단지 무언가를 부수는 무작위한 행사가 아니다. 게임 데이는 통제되고 안전하며 관찰되는 실험으로 여러분의 카오스 공학 가설을 뒷받침하며 사회공학 시스템이 혼란스런 상황에 어떻게 반응하는지에 대한 증거를 수집할 수 있다. 가장 기본적인 것에는 어떤 도구도 전혀 필요하지 않다. 단지 계획, 메모지와 펜, 그리고 무슨 일이 일어나고 있는지와 그로부터 얼마나 많은 것을 배울 수 있는지에 대한 인식이 필요할 뿐이다.

---

1. 시간이 아닌 도구 측면에서 가장 저렴하다.

게임 데이는 백로그의 가설을 팀과 함께 수행할 수 있는 실험으로 바꿔 전체 사회 공학 시스템의 취약점을 빠르게 찾는다. 예상하지 못한 상황에 대해 의도적으로 연습하고, 여러분과 팀, 지원 시스템이 이러한 상황을 다루는 방법에서 취약점의 증거를 포착해 시간이 지남에 따라 무엇을 배우고 개선할지 선택한다.

게임 데이 계획

게임 데이는 시스템 취약점에 대한 상세하고 정확한 증거를 제공하는 것으로 끝난 다면 원하는 모든 형태를 취할 수 있다. 게임 데이를 계획하고 실행하는 경험을 쌓으면 결과의 품질을 개선할 수 있는 방법에 대한 온갖 종류의 아이디어를 생각할 수 있다. 처음 몇 번의 게임 데이 동안 다음 단계는 여러분이 성공적으로 시작하도록 도움을 준다.

1. 탐색할 가설을 선택하라.

2. 스타일을 선택하라.

3. 게임 데이에 누가 참여하고, 누가 관찰하는지 결정하라.

4. 게임 데이가 어디에서 열릴지 결정하라.

5. 게임 데이가 언제 시작될지, 얼마나 오래 지속될지 결정하라.

6. 게임 데이 실험을 설명하라.

7. 승인을 받아라.

3장을 진행하면서 여러분은 게임 데이의 계획을 수립하고 실행하는 방법을 배울 것이다. 하지만 시작하기 전에 게임 데이 동안 탐색할 가치 있는 가설을 선택해야 한다.

가설 선택

사람들이 걱정한다고 말한 것뿐이라면 게임 데이에서 무엇을 탐색할 것인지 결정하려는 노력은 고통스러울 수 있다. 모든 사람은 서로 다른 애완동물 문제를 갖고 있으며 모든 우려는 타당하다. 게임 데이는 시간과 노력 측면에서 저렴하지 않기 때문에 가능한 한 가치 있는 일에 시간과 주의를 기울여야 한다는 압박을 느낄 것이다.

이전에 가설 백로그를 작성했다면('가설 백로그 만들기' 절 참고) 훨씬 더 나은 위치에 있는 것이다. 끊임없이 변화하고 확장하는 백로그의 가설은 각각의 항목이 설명하는 것처럼 게임 데이에 투자할 대상을 가능한 한 쉽게 집단적으로 결정할 수 있도록 한다.

- 시스템이 반응하기를 원하는 방법

- 포함할 수 있는 혼란스런 상황(실패, 트래픽 급증 등)

- 이러한 혼란스런 상황이 얼마나 일어날지에 대한 집단적 느낌

- 이러한 상황이 시스템에 얼마나 큰 영향을 미칠 수 있는지에 대한 집단적 느낌(시스템이 어떤 식으로든 살아남을 것이라는 가설이 있어야 한다)

- 가설을 탐색해 신뢰와 자신감을 구축하고자 하는 귀중한 시스템 품질

팀 및 이해당사자와 함께 이러한 가설 설명을 사용해 게임 데이에 탐색할 충분히 가치 있는 항목을 합의할 수 있다. 그런 다음에는 수행하고 싶은 게임 데이의 유형을 고려할 시간이다.

게임 데이 스타일 선택

게임 데이의 스타일과 형식은 계속해서 증가하고 있다. 얼마나 많은 사전 정보를 참여자와 공유하는지, 따라서 시스템 취약점의 증거를 찾기 위한 범위가 무엇인지에 따라 달라지는 경향이 있다. 몇 가지 인기 있는 게임 데이 스타일은 다음과 같다.

지하 감옥과 용

참여자 중 어느 누구도 자신이 들어가는 상황을 알지 못하는 경우

사전 정보 제공

게임 데이 전에 참여자에게 어떤 유형의 사건에 직면하는지 알려주는 경우

게임 데이 스타일을 선택하는 것은 단지 취향의 문제가 아니다. 다른 것을 대신해 특정 스타일을 적용한다면 어떤 증거를 찾을 수 있는지 고려하는 것이 중요하다. 예를 들어 누구도 실제 문제를 미리 알지 못하는 적대적인 지하 감옥과 용 스타일의 게임 데이에서는 다음을 탐색한다.

- 팀이 혼란스런 상황을 감지하는 방법
- 팀이 혼란스런 상황을 진단하는 방법
- 팀이 혼란스런 상황에 대응하는 방법

사전 정보 제공 스타일의 게임 데이는 참여자가 혼란스런 상황에 어떻게 반응하는지 보여주는 것으로 제한될 것이다.

참여자와 관찰자 결정

참석할 사람을 결정하는 것은 게임 데이를 계획하는 데 있어 가장 중요한 단계 중 하나지만 여러분의 예상과 달리 그들이 참석하지 않을 수 있다. 더 중요한 결정은 게임 데이에 누가 참여할 것인지라고 생각할 수 있지만, 일반적으로 간단하다. 가설의 혼란스런 상황이 실제로 일어난다면 관련 가능성이 있는 팀과 모든 사람을 초대한다. 해당 이름을 모두 '초대 목록'에 추가한다. 그림 3-1을 참고하라.

초대 목록

이름	역할 (참여자/관찰자)	사유

그림 3-1 게임 데이의 참여자와 관찰자 목록

그렇다면 이제 두 번째 (마찬가지로 중요한) 게임 데이 그룹, 즉 관찰할 사람을 고려할 시간이다.

이 목록에는 결과에 관심 있는 모든 사람을 포함해야 한다. 관찰자 목록을 수집할 때 최고 경영자부터 아래로 광범위하게 생각하라. 여러분은 게임 데이에서 얻은 결과의 인식을 넓히고자 노력하고 있다.

장소 선택

게임 데이의 '장소'에 대한 질문에는 결정해야 할 두 가지 사항이 있다.

- 모두 어디에 있을 것인가?

- 혼란스런 상황은 어디에서 발생할 것인가?

이상적으로 첫 번째 질문에 대한 답은 "실제 상황이 정말로 일어났다면 어디에 있을 것인가?"이다. 두 번째 질문은 대답하기 더 어렵다. 운영환경에 혼란스런 상황을 적용함으로써 게임 데이 실험을 진행할 수 있지만, 여러분은 이러한 게임 데이가 우연히 실제 사건으로 바뀌는 것을 원하지 않을 것이다.[2]

종종 게임 데이 실험은 운영환경보다 더 안전한 상황, 예를 들면 스테이징 환경으로 폭발 반경을 제한한다(여기서 폭발 반경은 실험의 잠재적 실제 영향을 의미한다). 실제 취약점에 대한 최상의 증거를 얻는 데 운영환경보다 나은 것은 없다. 하지만 게임 데이를 실행하고 운영환경을 중단한다면 여러분이 수행해야 할 마지막 카오스 공학 작업이 될 수 있다.

안전한 환경에서 게임 데이 실행

실제 사용자가 있는 운영환경에서 게임 데이를 수행하는 것이 가장 많이 배울 수 있는 방법임은 의심할 여지가 없다(3부에서 배울 자동화된 카오스 실험조차도 그렇다). 일부 실험은 필요한 상황과 규모에 대한 요건이 맞지 않아 다른 환경에서 시뮬레이션할 수 없는 경우도 있다.

그러나 일반적으로 작은 폭발 반경을 가진 안전한 환경에서 실험을 시작하고 더 큰 폭발 반경으로 점진적으로 확장한다. 실험을 운영환경과 유사한 곳으로 옮기기 전에 시스템이 상황을 처리할 수 있는 능력에 대한 신뢰와 자신감을 얻는 것이 가장 좋다.

실행 시점과 지속 시간 결정

게임 데이 실험은 하루 종일 걸릴 수 있지만 하루보다 훨씬 적게 실행하는 것도 걱정하지 말라. 단 3시간이라도 위기 상황이 지속된다면 긴 시간이다. 그리고 이 문

---

2. 게임 데이에서 운영환경을 사용할 계획이 없는 경우에도 이런 일이 발생할 수 있는 방법은 '안전 모니터 고려' 절을 참고하라.

제는 '안전한' 스테이징 환경에 있다는 것을 참여자가 알기 때문에 엄청난 스트레스가 수반되지 않을 것이라고 생각하지 말라.

예를 들어 팀 회고 이전처럼 참여자와 관찰자가 가장 개방적이고 결과를 통해 배우기를 열망할 것으로 예상하는 시점에 게임 데이를 계획해야 한다.

여러분의 팀이 정기적으로 회고를 수행한다면 회고 바로 전에 게임 데이를 실행하는 것이 좋은 생각이다. 이는 아주 깔끔하게 회고의 지루한 문제를 피하는 데 도움을 준다. 게임 데이 동안 경험했던 시스템 취약점에 대한 감정적인 증거로 무장한 채 회고에 들어가는 것처럼 지루함을 이기는 방법은 없다.

게임 데이 실험 설명

이제 게임 데이 실험을 구성할 시간이다. 실험에는 아래와 같은 내용을 포함한다.

정상 상태에 대한 가설
비즈니스 관점에서 시스템이 허용된 오차 범위 내에서 예상한 방식대로 실행하고 있음을 나타내는 일련의 측정 지표

방법
대상 시스템에 혼란스런 상황을 주입하기 위해 사용할 일련의 행동

롤백
실험에서 의도적으로 수행한 작업을 복구하고자 시도할 일련의 교정 조치

지금까지 가설 백로그를 찾아봤지만 정상 상태에 대한 가설을 강조하는 것은 앞서 그림 2-7에서 보여준 가설 카드와는 조금 다르기 때문이다.

'정상 상태'는 시스템이 예상한 방식대로 작동하는지 측정할 수 있다는 것을 의미한다. 이 경우 정상적인 행동은 '시스템이 자신의 SLO를 충족할 것'과 같다. 여러분

의 시스템이 실제로 시기적절하게 반응했는지 나타내는 측정 지표, 허용 오차를 결정할 필요가 있다. 예를 들어 특정 URL에서 시스템을 검색하고, 허용 오차 범위 내에서 예상 HTTP 상태 코드를 포함해 응답하고, 서비스 수준 목표로 지정한 시간 내에 처리하는지 결정할 수 있다.[3]

시스템이 허용 오차 범위 내에서 정상적인 방식으로 동작하고 있음을 종합적으로 나타내는 여러 측정 지표가 있을 수 있다. 이러한 측정 지표는 허용 오차와 함께 게임 데이의 정상 상태에 대한 가설로 나열돼야 한다(그림 3-2 참고).

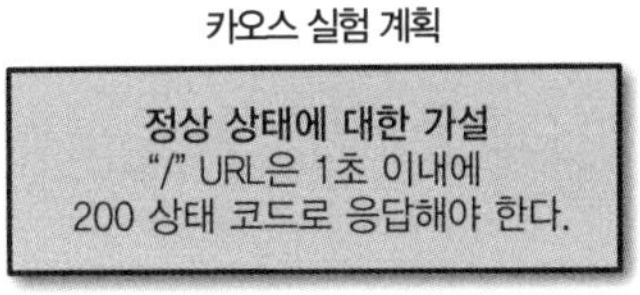

카오스 실험 계획

정상 상태에 대한 가설
"/" URL은 1초 이내에
200 상태 코드로 응답해야 한다.

그림 3-2 카오스 실험의 정상 상태에 대한 가설

다음으로 여러분은 혼란스런 상황을 유발하고자 시스템에 무엇을 할 것인지, 그리고 게임 데이 동안 그러한 행동을 수행할 시점을 파악해야 한다. 이러한 행동의 집합을 실험 방법이라고 부른다. 게임 데이에서 여러분이 만들어야 할 모든 실패와 혼란스런 상황을 야기하는 작업의 목록으로 반드시 읽혀져야 한다. 그림 3-3을 참고하라.

---

3. SLO를 설정하는 방법은 니얼 리처드 머피 등의 『Site Reliability Engineering(사이트 신뢰성 엔지니어링)』에서 자세히 찾아 보라.

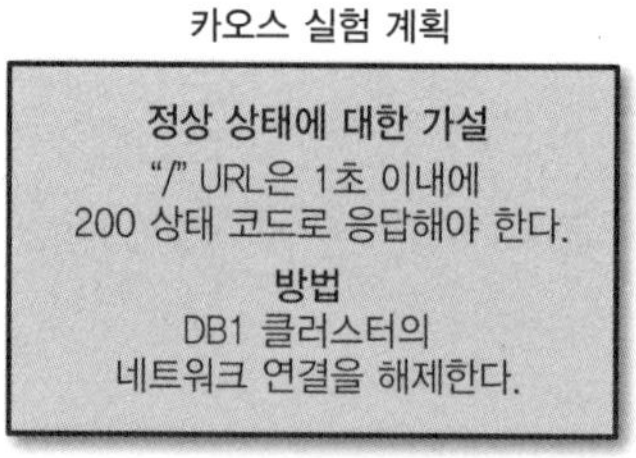

카오스 실험 계획

정상 상태에 대한 가설
"/" URL은 1초 이내에
200 상태 코드로 응답해야 한다.
방법
DB1 클러스터의
네트워크 연결을 해제한다.

그림 3-3 카오스 실험 방법

마지막으로 최대한 기존 상태로 되돌릴 수 있도록 교정 조치(일반적으로 롤백으로 부른다) 목록을 파악한다. 실험 방법대로 작업을 수행했을 때 해당 영역에서 문제를 일으켰다는 것을 알기 때문이다.

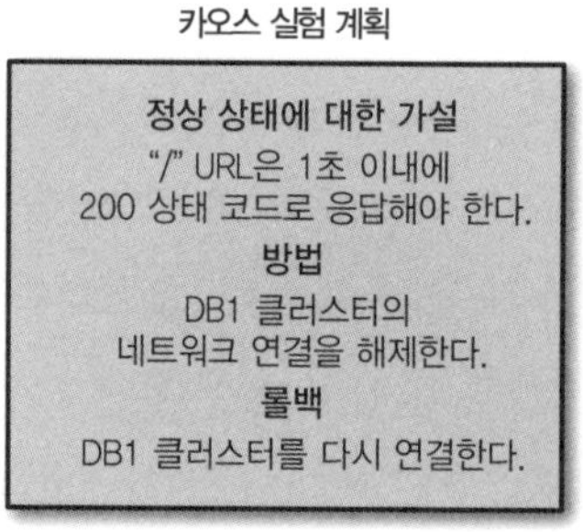

카오스 실험 계획

정상 상태에 대한 가설
"/" URL은 1초 이내에
200 상태 코드로 응답해야 한다.
방법
DB1 클러스터의
네트워크 연결을 해제한다.
롤백
DB1 클러스터를 다시 연결한다.

그림 3-4 롤백과 함께 완료된 카오스 실험

게임 데이 승인

마지막으로 중요한 것은 게임 데이 실행을 승인하고 알림을 받을 필요가 있는 사람들의 목록을 만드는 것이다. 목록에는 최고 경영자부터 상-하부 시스템 담당자와 시스템의 서드파티 사용자까지 모든 사람이 포함될 수 있다. 게임 데이 계획에 '알림 및 승인' 표(그림 3-5 참고)를 추가하고, 게임 데이가 발표되기 전에 모든 사람을 추가했는지 확인하라.

알림 및 승인

이름	역할	승인 여부
밥 제니퍼	책임자 CEO	✓

그림 3-5 알림 및 승인 표

게임 데이 실행

게임 데이를 실행할 때 여러분의 일은 '게임 데이 조정자'의 역할을 맡는 것이다. 즉, 여러분이 참여자가 아님을 의미한다. 이벤트가 끝난 뒤 취약점을 도출하는 데 사용할 수 있도록 발생하는 모든 일에 대한 상세한 로그를 유지하는 일이다. 게임 데이 동안 가능한 한 많은 관찰 결과를 기록할 때 생각할 수 있는 모든 기술이나 트릭을 자유롭게 사용하라. 무엇이 흥미로운 발견으로 연결될지 결코 알 수 없다. 예를 들어 20분 동안 허공을 응시하는 참여자는 게임 데이에 별 관심이 없어 보일 수도 있다. 하지만 이 사실을 메모한 다음 나중에 그에게 물어보면 "어디서부터 봐야 할지 전혀 모르겠다"고 생각했다는 귀중한 정보를 찾을 수 있다.

안전 모니터 고려

때때로 여러분은 개인적으로 전혀 알지 못하는 시스템에 대해서도 게임 데이 실험의 조정자 역할을 맡을 수도 있다. 이런 경향은 다른 팀에서 카오스 공학을 채택하게 도와달라는 요청을 받았을 때 주로 일어난다. 이 경우 '안전 모니터'가 필요할 수 있다는 것을 기억하라.[4]

4. 상관없이 필요할 수 있다. 사실상 가능성을 항상 고려해야 한다.

안전 모니터는 게임 데이에 사용되는 시스템에 대해 가장 경험이 풍부한 전문가일 것이다. 그들이 참여자가 아니라 조정자인 여러분과 긴밀하게 협력할 것이라는 절충안을 받아들여야 한다. 안전 모니터의 역할은 게임 데이가 위험한 방향으로 가고 있는지 여러분에게 알려주는 것이다.

예를 들어 안전한 스테이징 환경에서 게임 데이를 연습할 계획을 세웠지만 우연히 팀이 운영환경을 진단하고 조작하기 시작한다고 상상해보라. 시스템에 대한 전문 지식을 갖춘 안전 모니터는 이러한 종류의 위험한 편차를 탐지할 가능성이 높으며, 실험의 예상 폭발 반경을 초과하는 손상이 발생하기 전에 게임 데이를 중지할 것을 조언할 수 있다.

운 좋은 게임 데이 조정자 사례

나는 기분이 아주 좋았다. 시스템에 취약점이 있다고 강력하게 의심했고, 그의 이름은 '밥'이었다.[5] 팀의 누구에게나 운영환경 또는 스테이징 환경에서 어떤 작업이 수행됐는지 물어보면 대개 "밥에게 물어봐" 또는 적어도 "밥한테 가서 체크해보는 게 좋을 거야"라는 대답을 받았다.

많은 팀에는 지식과 실패의 단일 지점이 되는 영웅인 밥이 있다. 또한 항상 그들만의 잘못도 아니다. 종종 그들은 단순히 가장 오랫동안 있었거나 가장 빠르게 시스템의 정신 모델을 구축할 수 있는 사람들이다. 밥은 항상 존재하며 여러분은 아마 자신의 팀원 중 하나라고 알고 있을 것이다. 하지만 지식의 단일 지점이기 때문에 밥이 취약점이라는 사실에서 벗어나지 않는다.

이제 나는 증거를 원했다. 나는 시스템의 잠재적 취약점을 모든 사람이 무시할 수 없게 만들고 싶었다. 밥이 실패의 단일 지점이라고 모두에게 말할 수 있지만, 그 전술은 종종 어깨를 으쓱하고 "그래, 우리는 좀 더 잘해야 한다..."라는 결과만 낳고 만다. 나는 사람들이 문제를 느끼길 원했고, 이것을 탐색하는 가장 좋은 방법은 카오스 공학 게임 데이였다.

---

5. 그렇다. 무고한 사람을 보호하기 위해 그의 이름을 바꿨다.

그래서 나는 밥의 상사에게 밥을 죽일 수 있는지 물었다. 사실 내가 제기한 질문은 "밥이 소문난 버스 아래로 갈 수 있을까?"였다. 형편없게 들릴지 모르지만 나는 밥이 전적으로, 그리고 완전히 활동에서 배제된 채 게임 데이를 운영할 수 있는지 간단히 물었다. 현장에 없거나 가상 또는 기타 방법, 예를 들어 완전히 연결을 해제하는 것이다. 밥의 상사에게 내가 살인을 저지를 생각이 아니라고 분명히 밝힌 후에 그 계획은 승인됐다.

내가 밥과 얘기했을 때 그는 한 가지 조건으로 계획에 참여했다. 나는 밥의 아내에게 전화를 걸어 게임 데이 3시간 동안 그에게 전혀 연락할 수 없을 거라고 설명해야 했다. 팀원이 밥에게 전화해 의지할 가능성이 있기 때문에 반드시 연락이 닿으면 안 된다는 것을 분명히 했다. 따라서 이 작업을 수행하려면 밥과의 모든 통신을 완전히 차단하는 것처럼 보여야 했다. 다행히 밥의 아내는 '버스 아래로 가는 것'을 매우 좋아했고, 나는 탐색 질문을 더 이상 하지 않기로 결정했다.

게임 데이는 예정대로 계획됐다. 밥은 연결되지 않은 인접한 방에 자리를 잡았다. 나는 스테이징 환경에서 다소 혼란스런 상황을 소개하고, 우리가 스테이징 환경에서 게임 데이를 실행하고 있다고 팀에게 간략히 설명했다. 팀의 첫 번째 반응은 완벽했다. 그렇다. 내가 기대했던 그대로였고, 나는 모든 사람에게 상관없이 계속하도록 부드럽게 격려했다.

이제 게임 데이의 중반으로 건너뛰자. 약 2시간이 지났고 팀은 분명히 고전했지만 확고히 자리 잡았다. 그들은 대본이 어디 있는지 몰랐고(취약점의 하나로 메모됐다) 무슨 일이 일어나고 있는지 알아내고자 시스템에 대한 조사를 시작할 수 있게 비밀번호를 손에 넣으려는 악몽을 꿨다(이 또한 적절히 메모됐다). 그러나 그들은 바쁘게 보였고, 그런 분위기는 진전 중의 하나였다.

하지만 나는 긴장했다. 나는 대본이나 기타 참고 자료를 고려하지 않고 많은 조치가 취해지는 것을 봤다. "이것만 시도해보자…"라고 중얼거리며 자주 명령을 실행했다. 괜찮을지 모르지만 시스템에 대한 내 지식의 한계 때문에 초조해지기 시작했다. 내가 중단하기에는 충분히 영리하지 않기에 어떤 일이 일어나고 있는지 걱정했다.

나조차도 밥이 필요하다고 느끼기 시작했다.

그래서 나는 인접한 방으로 불쑥 찾아가 밥에게 몇 가지 질문을 시작했다. 사용 중인 명령어와 매개변수에 대해 언급하고, 이것이 문제가 없는지 물었다. 그러자 질문을 마저 하기도 전에 밥은 자리에서 벌떡 일어나 나를 지나치며 공포의 함성을 질렀다. "그만!"

게임 데이는 즉시 중단됐다. 팀이 잘못된 시스템(사실상 운영환경)에 로그인했으며 운영 데이터베이스의 테이블을 삭제하는 과정에 있는 것으로 드러났다. 그들은 잘못된 목표로 향하는 것을 전혀 몰랐고 대시보드가 실제로 혼란스런 상황을 나타낼 때 시스템이 '좋음'으로 보이는 이유에 당황했다. 나와 팀에게는 다행스럽게도 나의 직감에 따라 제때 밥에게 말을 걸어 큰 피해가 발생하는 것을 막았다.

우리는 이 게임 데이에서 많은 것을 배웠다. 지식, 관행, 도구, 대본 등 취약점에 대한 관찰 목록은 계속 진행됐다. 하지만 가장 큰 교훈은 나에게 있었다. 밥은 나의 즉흥적인 '안전 모니터'였고, 다시는 밥이 없는 상황에서 게임 데이를 진행하지 않을 것이다.

실제로 밥은 실패의 단일 지점이었고, 모두가 그 고통을 느꼈다. 이어지는 회고에서 운영 중인 시스템에 대해 모든 사람의 지식을 높이기 위한 전용 계획이 마련됐고 밥의 전폭적인 지지를 받았다. 사실 그는 사람들을 훈련시키고 싶은 방법을 오랫동안 언급해 왔지만, 그 훈련을 실제로 할 수 있는 동기는 바로 지금이었다. 게임 데이의 관찰자 중 한 명은 제품 책임자였는데, 그도 역시 게임 데이에 시간과 예산을 할애하는 것을 매우 기뻐했다.

아마도 내가 원했던 것보다 훨씬 더 위험한 교훈을 얻으며 임무를 완수했다.

요약

3장에서는 수동 게임 데이로 첫 번째 카오스 실험을 구축하고 실행하는 방법을 배웠다. 게임 데이는 여러 명이 협력해 취약점을 탐색하는 데 매우 유용하다. 게임 데이를 제대로 계획한다면 결과물은 무시하기 어렵고 상대적으로 적은 시간과 노력을 투자해 더 많은 것을 달성할 수 있다. 또한 게임 데이는 엄청나게 많은 취약점이 발견되는 시스템의 인간적인 측면을 탐색할 때도 적합하다.

그러나 게임 데이는 도구 측면에서 저렴하지만 시간과 노력면에서는 얼마나 자주 계획하고 실행할 수 있는지에 대한 한계가 있다. 각각의 게임 데이는 여러분의 사회공학적인 팀이 혼란스런 상황에서 어떻게 반응할 것인지에 대한 신뢰와 자신감을 높이는 데 도움이 될 것이다. 그러나 게임 데이를 한 주, 한 달 또는 한 분기에 1번만 실행할 수 있다면 취약점을 통해 얼마나 자주 배울 수 있는지에 대한 그 끝을 알 수 있다. 이 책의 다음 부분에서는 자동화된 카오스 실험을 생성해 게임 데이의 이러한 한계를 극복하는 방법을 배우게 될 것이다.

2부

카오스 공학 자동화

## 4장

자동화된 카오스 공학용 도구 확보

자동화된 카오스 실험은 언제든지 잠재적인 시스템 취약점을 탐색할 수 있는 힘을 준다. 인프라 수준의 혼란을 위한 넷플릭스 카오스 몽키부터 애플리케이션 수준의 혼란을 주는 스프링 부트 카오스 몽키까지 혼란스런 상황을 유발하는 도구가 많다. 여기서는 카오스 툴킷과 확장된 소프트웨어 생태계를 사용할 것이다.[1]

카오스 툴킷은 무료 오픈소스며 여러분의 필요에 따라 카오스 실험을 미세하게 조정할 수 있는 대규모 확장 생태계를 갖고 있기 때문에 선택됐다. 또한 카오스 툴킷은 YAML이나 JSON을 사용해 명시적인 카오스 실험 형식을 사용한다.[2] 그림 4-1에 표시된 것처럼 툴킷은 카오스 실험 정의를 가져와 대상 시스템에 대한 실험을 조정한다.

---

1. 부언하자면 필자는 몇 년 전에 카오스 툴킷 프로젝트를 공동 설립했다.

2. 이 책에서 사용된 실험은 JSON 형식이지만, 깃허브의 예제 저장소에서 동등한 YAML 형식의 실험 정의도 함께 찾을 수 있다.

그림 4-1 여러분은 대상 시스템에 대한 카오스 실험을 조정하고자 카오스 툴킷을 사용한다.

드라이버에서 진땀을 흘리지 말라

당분간 그림 4-1에 언급된 드라이버를 걱정하지 말라. 다양한 대상 시스템에 대한 실험을 수행하고자 툴킷을 사용할 때 5장에서 카오스 툴킷 드라이버의 모든 내용을 배울 것이다. 여러분만의 사용자 정의 드라이버를 직접 만들어 카오스 툴킷을 확장하는 방법도 배울 것이다(8장 참고).

이제 카오스 툴킷을 설치할 시간이다. chaos라고 적절하게 불리는 카오스 툴킷 커맨드라인 인터페이스를 설치하는 것을 의미한다. chaos 명령을 설치하면 여러분의 컴퓨터에서 로컬로 실행해 실험을 제어할 수 있다.

파이썬 3 설치

카오스 툴킷 커맨드라인 인터페이스는 파이썬 프로그래밍 언어로 만들어졌으며 파이썬 3.5 이상의 버전이 필요하다. 다음 명령을 실행하고 얻은 출력을 검사해 올바른 버전의 파이썬이 설치돼 있는지 확인한다.

```
$ python3 -V
Python 3.6.4
```

여러분의 컴퓨터에 파이썬 3가 없는 경우(예를 들어 애플의 맥 운영체제에는 번들로 제공하지 않는다) 설치 방법의 지침은 카오스 툴킷 설명서를 참고한다.

카오스 툴킷 커맨드라인 인터페이스 설치

카오스 툴킷 커맨드라인 인터페이스^{CLI, Command-Line Interface}는 다음과 같은 작업을 수행할 수 있도록 여러분의 시스템에 chaos 명령을 추가한다.

- chaos discover 명령을 사용해 대상 시스템에서 어떤 유형의 혼란과 정보를 가져올 수 있는지 발견하고 기록한다.

- chaos init 명령으로 새로운 카오스 실험을 초기화한다.

- chaos run 명령을 사용해 JSON이나 YAML 형식의 자동화된 카오스 실험을 실행한다.

- 선택적으로 report 명령을 실행해 사람이 읽을 수 있는 실험 결과 보고서를 생성한다('사람이 읽을 수 있는 카오스 실험 보고서 생성과 공유' 절 참고).

이러한 명령을 사용하면 그림 4-2에 표시된 작업 흐름을 손쉽게 사용할 수 있다.

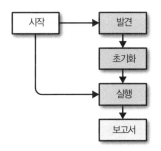

그림 4-2 발견부터 시작하거나 실행으로 바로 이동할 수 있는 것이 바로 카오스 툴킷의 작업 흐름이다.

파이썬을 성공적으로 설치했다면 이제 카오스 툴킷의 chaos 명령을 설치할 준비가 됐다. 하지만 먼저 환경을 깔끔하게 유지하고 파이썬 모듈의 충돌을 피하고자 카오스 툴킷과 이를 지원하는 종속적인 소프트웨어용 파이썬 가상 환경을 만드는 것이 좋다.

파이썬 가상 환경(이 예제에서는 chaostk라고 부른다)을 만들고자 다음 명령을 사용한다.[3]

```
$ python3 -m venv ~/.venvs/chaostk
```

일단 환경이 만들어지면 활성화할 필요가 있다. chaostk 가상 환경을 활성화하려면 다음 명령을 입력한다.

```
$ source ~/.venvs/chaostk/bin/activate
```

명령 프롬프트에는 가상 환경의 이름이 프롬프트보다 먼저 표시돼 여러분이 새로운 가상 환경에서 작업하고 있다는 것을 보여준다.

```
(chaostk) $
```

여러분의 가상 환경을 항상 확인하라

필자는 작업 중인 프로젝트가 이상하게 작동하기 시작하면 올바른 가상 환경에 있는지 항상 확인한다. 환경을 활성화하고 전역으로 설치된 파이썬과 종속 소프트웨어 작업을 시작하는 것을 잊어버리기 쉽다. 특히 터미널 창 사이를 전환하거나 파이썬을 처음 사용하는 경우라면 더욱 그렇다.

마지막으로 카오스 툴킷 chaos 명령을 설치할 시간이다. pip 명령을 사용해 이 작업을 수행할 수 있다.

```
(chaostk) $ pip install chaostoolkit
```

---

3. 공식 파이썬 설명서에서 파이썬 가상 환경이 무엇이고, 어떻게 작동하는지 자세히 살펴볼 수 있다. 가상 환경은 잘 격리된 샌드박스로, 파이썬 종속성을 관리할 수 있고 특정 프로젝트에 필요한 모듈이 여러분이 작업 중인 다른 프로젝트의 모듈과 다투거나 종속성이 충돌하는 것을 피하게 만들 수도 있다.

pip 설치를 성공적으로 완료한 후 여러분은 반짝이는 새로운 chaos 명령을 수행할 수 있다. 지금은 chaos --help 명령을 입력해 모든 항목이 존재하고 올바른지 확인하라.

```
(chaostk) $ chaos --help
chaos --help
사용법: chaos [OPTIONS] COMMAND [ARGS]...

옵션:
    --version               버전을 표시하고 종료한다.
    --verbose               디버그 수준의 추적 내용을 표시한다.
    --no-version-check      카오스 툴킷의 업데이트 버전을 검색하지 않는다.
    --change-dir TEXT       실험을 실행하기 전에 디렉터리를 변경한다.
    --no-log-file           파일에 대한 로깅을 완전히 비활성화한다.
    --log-file TEXT         명령의 로그를 작성할 파일 경로 [기본값: chaostoolkit.log]
    --settings TEXT         설정 파일의 경로 [기본값:
                            /Users/russellmiles/.chaostoolkit/settings.yaml]
    --help                  이 메시지를 표시하고 종료한다.

명령:
discover    기능과 실험을 발견한다.
init        발견된 내용에서 새로운 실험을 초기화한다.
run         SOURCE에서 로드된 실험을 실행한다.
validate    PATH에서 실험을 검증한다.
```

chaos --help 출력

chaos --help 명령의 출력은 이전 출력과 다를 수 있다. 기본 카오스 툴킷 커맨드라인 인터페이스에 명령이 추가되는 경우는 드물지만 시간이 지남에 따라 변경도 가능하다.

카오스 툴킷 작업 흐름의 각 명령은 카오스 공학 학습 루프의 실험과 검증 단계에 기여한다(그림 4-3 참고).

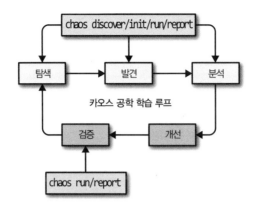

그림 4-3 카오스 공학 학습 루프의 각 단계를 지원하는 카오스 툴킷 명령

여러분이 카오스 실험을 만들고 실행하는 데 도움을 주는 모든 명령(discover, init, run, report)은 취약점을 탐색하고 발견할 때 사용된다. 선택적인 report 명령은 지금까지 표시되지 않았지만 발견된 취약점을 공동으로 분석할 때 사용된다(7장에서 다룰 예정). 마지막으로 run과 report 명령은 약점이 극복됐는지 검증할 때 다시 사용된다.

요약

성공했다. 이제 카오스 툴킷은 정상적으로 설치됐고, 카오스 명령을 마음대로 쓸 수 있다. 그럼 명령을 사용할 시간이다.

5장에서는 카오스 실험의 대상이 될 매우 간단한 시스템을 구현할 것이다. 그런 다음 카오스 공학 학습 루프의 전체 단계를 완료하고자 첫 번째 카오스 공학 실험을 실행할 것이다.

첫 번째 자동화된 카오스 실험
작성과 실행

4장에서 카오스 툴킷을 손에 넣었다. 이제 첫 번째 자동화된 카오스 실험을 실행하고자 툴킷을 실제로 사용할 시간이다. 5장에서는 혼란에 대처할 간단한 대상 시스템을 구축한 후 해당 시스템의 취약점을 찾고자 첫 번째 자동화된 카오스 실험을 작성하고 실행한다. 자동화된 카오스 실험으로 먼저 취약점의 증거를 발견하고, 이어 취약점이 극복됐는지 검증하고자 실험을 다시 사용하는 형태로 전체 주기를 실행할 것이다. 그림 5-1을 참고한다.

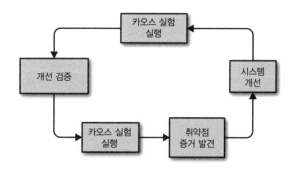

그림 5-1 카오스 실험은 취약점의 증거를 찾고, 이후에 취약점이 개선되고 있다는 증거도 제공한다.

샘플 대상 시스템 구축

여러분이 취약점을 탐색하는 데 필요한 시스템은 chaostoolkit-incubator 조직 아래 community-playground 저장소의 learning-chaos-engineering-book-samples 디렉터리에서 이용할 수 있다. git 명령으로 저장소를 복제해 코드를 지금 가져온다.

```
(chaostk) $ git clone https://github.com/chaostoolkit-incubator/community-
           playground.git
```

git 사용에 익숙하지 않은 경우 저장소의 콘텐츠를 간단히 zip 파일로 가져올 수 있다.

예제 코드 가져오기

실제로 책에 표시된 모든 실험은 chaostoolkit-incubator/community-playground 저장소에 있다. 이 저장소에 있는 다른 콘텐츠의 자세한 내용은 부록 B를 참조한다. 지금은 Community Playground 저장소만으로 책의 나머지 부분에서 계속 사용할 것이다.

저장소를 복제한 다음(또는 zip 파일을 압축 해제) learning-chaos-engineering-book-samples 디렉터리에서 다음과 같은 폴더 구조와 콘텐츠를 확인해야 한다.

```
.
├── LICENSE
├── README.md
└── chapter5
    ├── experiment.json
    ├── resilient-service.py
    └── service.py

... 추가 항목은 생략한다 ...
```

여러분이 예상한 대로 chapter5 디렉터리 내에서 작업할 것이다. 이제 여러분의 터미널 창에서 현재의 디렉터리를 chapter5로 변경한다(chaostk 가상 환경이 활성화됐는지 반드시 확인하라).

샘플 시스템 둘러보기

모든 카오스 공학 실험에는 대상 시스템이 필요하며, 이번이 첫 번째 실험이기 때문에 샘플 시스템은 실제로 매우 단순하게 구성돼 있다. 카오스 실험의 대상이 될 시스템의 주요 기능은 그림 5-2와 같다.

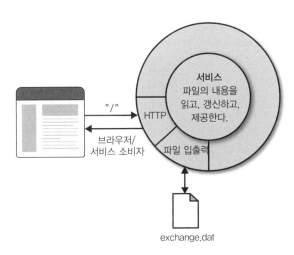

그림 5-2 첫 번째 카오스 실험에서 사용할 단일 서비스 시스템

대상 시스템은 하나의 파이썬 파일 service.py로 구성되며, 다음의 코드로 단일 런타임 서비스를 제공한다.

```
# -*- coding: utf-8 -*-
from datetime import datetime
import io
```

```python
import time
import threading
from wsgiref.validate import validator
from wsgiref.simple_server import make_server

EXCHANGE_FILE = "./exchange.dat"

def update_exchange_file():
    """
    exchange.dat 파일에 10초마다 현재 날짜와 시간을 기록한다.

    파일이 없으면 새로 만든다.
    """
    print("Will update to exchange file")
    while True:
        with io.open(EXCHANGE_FILE, "w") as f:
            f.write(datetime.now().isoformat())
        time.sleep(10)

def simple_app(environ, start_response):
    """
    exchange.dat 파일의 내용을 읽고 반환한다.
    """

    start_response('200 OK', [('Content-type', 'text/plain')])
    with io.open(EXCHANGE_FILE) as f:
        return [f.read().encode('utf-8')]

if __name__ == '__main__':
    t = threading.Thread(target=update_exchange_file)
    t.start()

    httpd = make_server('', 8080, simple_app)
    print("Listening on port 8080....")

    try:
        httpd.serve_forever()
    except KeyboardInterrupt:
```

```
        httpd.shutdown()
        t.join(timeout=1)
```

이 간단한 서비스는 의도적으로 하는 일이 거의 없다. 루트 '/' 에서 HTTP 엔드포인트(끝점)를 노출하고, URL 요청이 오면 exchange.dat 파일의 내용을 제공한다. 서비스를 시작하려면 시작 디렉터리에서 다음 내용을 입력하면 된다.

```
(chaostk) $ python3 service.py
Will update the exchange file
Listening on port 8080....
```

서비스를 실행하면 http://localhost:8080에 접속해 그림 5-3처럼 제공하는 파일 내용을 볼 수 있어야 한다.

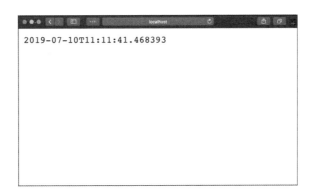

그림 5-3 대상 시스템의 간단한 서비스에서 제공하는 믿기 힘든 출력에 너무 놀라지 말라.

좀 더 흥미롭게 하고자 서비스는 파일의 내용을 제공하는 것 외에도 주기적으로 파일의 내용을 고치므로 http://localhost:8080을 반복적으로 누르면 변경된 내용을 확인할 수 있다.

이렇게 사소한 서비스에 무엇이 잘못될 수 있을까? 서비스를 책임지는 팀이 카오스 실험이 탐색하기에 흥미로운지 고려할 때 묻는 질문이다. 걱정스럽게도 심지어 이 사소한 코드에도 서비스 실패를 초래할 수 있는 취약점이 하나 있다. 더 나쁜 것은 서비스 소비자에게 직접적으로 영향을 미치는 실패다.

그렇게 사소한 코드 조각이 아니라고 잠시 상상해보라. 이 서비스가 인기 있는 API의 일부로 비즈니스에 중요한 서비스고, 실제 고객이 서비스를 사용하고 있다고 상상해보라. 하지만 취약점이 있다. 이미 코드의 취약점을 발견했을 수도 있지만 첫 번째 카오스 공학 실험을 위해 취약점을 드러낼 실험을 구성할 것이다.

취약점의 증거 탐색과 발견

그림 4-3에 처음 표시된 카오스 공학 학습 루프에 따라 첫 단계는 대상 시스템을 탐색해 취약점을 드러내거나 발견하는 것이다(그림 5-4 참고).

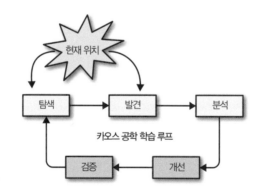

그림 5-4 카오스 실험을 사용해 대상 시스템의 취약점을 탐색하고 발견한다.

실험은 카오스 툴킷의 선언적 실험 명세서 형식을 사용해 이미 작성됐다.

88

실험은 service.py 코드와 함께 experiment.json 파일에 있다. 즐겨 사용하는 텍스트 편집기에서 experiment.json 파일을 열면 제목, 설명, 일부 태그로 시작하는 것을 볼 수 있다.

```
{
    "Title": "우리 서비스는 exchange 파일의 손실에 내성이 있는가?",
    "Description": "우리 서비스는 exchange 파일에서 데이터를 읽는 데 파일이 사라져도
    이 기능을 지원할 수 있는가?",
    "tags": [
        "tutorial",
        "filesystem"
    ],
```

모든 카오스 실험에는 시스템이 어떻게 살아남을 것이라고 믿는지를 전달하는 의미 있는 제목과 설명이 있어야 한다. 이번 경우는 어떤 이유로든 exchange.dat 파일이 사라질 때 서비스가 어떻게 수행되는지 살펴볼 것이다. 제목은 서비스가 이러한 손실을 감수해야 한다고 나타내지만 의심의 여지가 있다. 이 카오스 실험은 서비스의 복원력에 대한 여러분의 믿음이 근거가 있는지 경험적으로 증명할 것이다.

실험 파일의 다음 영역은 정상 상태에 대한 가설을 포착한다. 정상 상태에 대한 가설은 다음과 같다.

> [A] 비즈니스 지표의 예상 값을 기반으로 시스템의 정상 상태를 특징짓는 모델
>
> — 카오스 공학

정상 상태에 대한 가설이 나타내는 것은 특정한 허용 오차 내에서 카오스 실험을 수행하는 대상 시스템의 일부에 대해 정상적이고 건강한 내용으로 구성한다는 점을 기억하라. 대상 시스템에 서비스가 하나뿐이면 실험의 폭발 반경, 즉 실험의 영향을 받을 것으로 예상하는 영역도 단일 서비스로 제한된다.

카오스 툴킷 실험의 정상 상태에 대한 가설은 조사의 모음으로 구성된다. 각 조사는 대상 시스템의 일부 속성을 검사하고, 속성 값이 예상 허용 오차 내에 있는지 여부를 판단한다.

```
"steady-state-hypothesis": {
    "title": "exchange.dat 파일은 반드시 존재해야 한다.",
    "probes": [
        {
            "type": "probe",
            "name": "service-is-unavailable",
            "tolerance": [200, 503],
            "provider": {
                "type": "http",
                "url": "http://localhost:8080/"
            }
        }
    ]
},
```

정상 상태에 대한 가설의 모든 조사가 허용 오차 범위 안에 있는 경우 시스템은 '정상' 상태로 선언된다.

다음은 실험의 실질적인 부분인 실험 방법이다.

```
"method": [
    {
        "name": "move-exchange-file",
        "type": "action",
        "provider": {
            "type": "python",
            "module": "os",
            "func": "rename",
            "arguments": {
                "src": "./exchange.dat",
                "dst": "./exchange.dat.old"
            }
        }
    }
]
```

카오스 툴킷 실험의 방법은 시스템에 영향을 미치고 대상 시스템에 적용될 혼란스런 상황, 즉 카오스를 일으키는 동작을 정의한다. 여기서 실험은 exchange.dat 파일이 갑자기 없어졌을 때 서비스가 얼마나 탄력적인지 탐색하는 것이다. 따라서 실험 방법은 서비스가 해당 파일을 찾을 수 없게 그저 이름을 변경하는 작업뿐이다.

동작뿐만 아니라 실험 방법에는 지정된 허용 오차가 없는 경우를 제외하고 실험의 정상 상태에 대한 가설에 있는 것과 유사한 조사를 포함할 수 있다. 이러한 조사는 대상 시스템을 평가하지 않으므로 허용 오차가 필요하지 않다. 오히려 실험 방법에 선언된 조사는 실험의 실행 결과를 풍부하게 해서 방법이 실행될 때 대상 시스템에서 데이터 포인트를 포착하고 실험의 결과에 해당 데이터 포인트를 추가한다.

이 간단한 실험 정의에서 방법은 마지막 영역에 있다. 추가 영역을 하나 더 허용하는데, 바로 롤백 영역이다. 6장에서 좀 더 고급 실험을 만들 때 롤백을 이해하게 될 것이다.

실험 실행

그리고 이제 여러분이 기다려온 것으로, 첫 번째 카오스 실험을 실행하고 대상 시스템이 카오스를 처리하는지 확인할 시간이다. 이제 카오스 공학 학습 루프의 발견과 분석 단계에 들어간다(그림 5-5 참고).

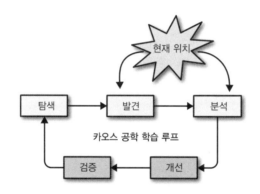

그림 5-5 카오스 실험을 사용해 대상 시스템에 드러난 취약점을 발견하고 분석하기 시작한다.

먼저 터미널에서 service.py가 실행 중인지 확인한다. 다음과 같은 내용이 표시돼야 한다.

```
(chaostk) $ python3 service.py
Will update to exchange file
Listening on port 8080....
```

이제 새 터미널 창을 연다. chaostk 가상 환경이 활성화됐는지 확인한 다음, chaos run 명령을 사용해 카오스 실험을 실행한다.

```
(chaostk) $ chaos run experiment.json
[2019-04-25 12:44:41 INFO] Validating the experiment's syntax
[2019-04-25 12:44:41 INFO] Experiment looks valid
[2019-04-25 12:44:41 INFO] Running experiment: Does our service tolerate the
loss of its exchange file?
[2019-04-25 12:44:41 INFO] Steady state hypothesis: The exchange file must exist
[2019-04-25 12:44:41 INFO] Probe: service-is-unavailable
[2019-04-25 12:44:41 INFO] Steady state hypothesis is met!
[2019-04-25 12:44:41 INFO] Action: move-exchange-file
[2019-04-25 12:44:41 INFO] Steady state hypothesis: The exchange file must exist
[2019-04-25 12:44:41 INFO] Probe: service-is-unavailable
[2019-04-25 12:44:41 CRITICAL] Steady state probe 'service-is-unavailable' is
not in the given tolerance so failing this experiment
[2019-04-25 12:44:41 INFO] Let's rollback...
[2019-04-25 12:44:41 INFO] No declared rollbacks, let's move on.
[2019-04-25 12:44:41 INFO] Experiment ended with status: failed
```

축하한다. 여러분은 첫 번째 자동화된 카오스 실험을 실행했다. 더 좋은 점은 터미널 출력에서 CRITICAL 항목을 통해 취약점을 발견했다는 것을 나타낸다. 그러나 취약점의 잠재적 복합 원인을 분석하기 전에 카오스 툴킷이 카오스 실험을 실행했을 때 어떤 행동을 했는지 살펴본다.

chaos run의 표면 아래

카오스 툴킷이 수행하는 첫 번째 작업은 표시된 실험이 유효하고 실행 가능한지 확인하는 것이다. 실험을 실행하지 않고도 chaos validate 명령을 사용해 직접 확인할 수 있다. 실험이 유효성 검사를 통과했다고 가정하면 카오스 툴킷은 그림 5-6의 도표와 같이 실험 정의를 기반으로 실험 실행을 조정한다.

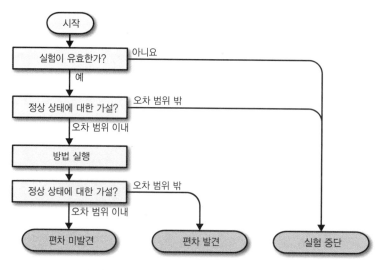

그림 5-6 카오스 툴킷이 실험을 해석하고 실행하는 방법

놀라운 점은 정상 상태에 대한 가설을 두 번 사용한다는 것이다. 실험의 실행을 시작할 때 한 번, 실험의 방법이 실행을 완료했을 때 다시 한 번이다.

카오스 툴킷은 두 가지 목적으로 정상 상태에 대한 가설을 사용한다. 실험의 실행을 시작할 때 정상 상태에 대한 가설을 평가해 대상 시스템이 인식할 수 있는 정상 상태에 있는지 여부를 결정한다. 현 시점에서 대상 시스템이 정상 상태에 대한 가설의 기대치에서 벗어나면 실험은 중단된다. 대상 시스템이 처음부터 인식할 수 있는 '정상' 상태가 아닌 경우 실험의 방법을 실행할 가치가 없기 때문이다. 과학적 용어로는 '더러운 배양 접시' 문제가 있다고 본다.

정상 상태에 대한 가설의 두 번째 사용은 실험의 실행 과정에서 주요한 역할이다. 실험 방법이 혼란스런 상황을 유발하는 동작을 완료하면 정상 상태에 대한 가설을 대상 시스템과 다시 비교한다. 이 시점은 실험 실행에서 매우 중요하다. 정상 상태에 대한 가설에서 기대하는 조건과의 편차는 방법의 동작에 따라 표면화될 수 있는 취약점을 나타내기 때문이다.

'개선 기회'를 나타낼 수 있는 정상 상태 편차

카오스 실험이 정상 상태에 대한 가설이 예상하는 조건에서 벗어났다고 보고하면 축하할 일이다. 이상하게 들릴 수 있지만 사용자가 실패를 마주하기 전에 대상 시스템에서 발견된 취약점은 실패가 아니다. 시스템의 복원력에 대한 평가, 학습, 개선을 위한 기회다.

service.py 코드를 살펴보면서 문제를 빠르게 확인할 것이다.[1]

```python
# -*- coding: utf-8 -*-
from datetime import datetime
import io
import time
import threading
from wsgiref.validate import validator
from wsgiref.simple_server import make_server

EXCHANGE_FILE = "./exchange.dat"

def update_exchange_file():
    """
    exchange.dat 파일에 10초마다 현재 날짜와 시간을 기록한다.

    파일이 없으면 새로 만든다.
    """
    print("Will update to exchange file")
    while True:
        with io.open(EXCHANGE_FILE, "w") as f:
            f.write(datetime.now().isoformat())
        time.sleep(10)

def simple_app(environ, start_response):
```

---

1. 크고 복잡한 시스템에서도 이렇게 간단하기만 하다면 시스템이 하나의 단순한 서비스보다 큰 경우 실패의 원인과 시스템 취약점을 평가하는 데 많은 시간이 소요될 수 있다.

```
    """
    exchange.dat 파일의 내용을 읽고 반환한다.
    """
    start_response('200 OK', [('Content-type', 'text/plain')])
    with io.open(EXCHANGE_FILE) as f:
        return [f.read().encode('utf-8')]

if __name__ == '__main__':
    t = threading.Thread(target=update_exchange_file)
    t.start()

    httpd = make_server('', 8080, simple_app)
    print("Listening on port 8080....")

    try:
        httpd.serve_forever()
    except KeyboardInterrupt:
        httpd.shutdown()
        t.join(timeout=1)
```

이 코드는 exchange.dat 파일이 항상 존재한다고 가정한다. 어떤 이유로 파일이 사라진다면 루트 URL에 접속할 때 서비스는 실패하고 서버 오류를 반환한다. 실험의 제목과 설명에는 파일의 존재를 보장하지 않으며, 파일이 존재하지 않는 상태에서도 서비스가 탄력적이어야 한다는 것을 나타냈다. 카오스 실험은 복원력을 고려하지 않고 서비스가 구현됐음을 증명했으며, 이러한 상태가 서비스에 치명적인 장애를 일으켜 소비자에게 영향을 미친다는 것을 보여줬다.

시스템 개선

카오스 실험의 실행으로 새로운 취약점이 드러나면 시스템에서 취약점이 발견된 부분을 담당하는 팀에게 우선순위를 정하는 많은 작업으로 이어질 수 있다. 단지 결과물을 분석하는 것 자체로도 큰 작업이 될 수 있다.

여러분의 팀이 분석을 수행했으면 우선순위를 정하고 시스템 개선 사항을 적용해 우선순위가 높은 취약점을 극복할 시간이다(그림 5-7).

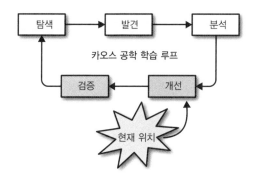

그림 5-7 분석 과제를 완료하면 (필요한 경우) 시스템 개선을 적용할 시간이다.

다행히 대상 시스템은 하나의 간단한 서비스를 포함하고 있고, 취약점은 서비스의 exchange.dat 파일을 다루는 코드에서 비교적 뚜렷하다.

서비스의 개선되고 좀 더 탄력적인 구현은 resilient-service.py 파일에서 확인할 수 있다.

```
# -*- coding: utf-8 -*-
from datetime import datetime
import io
import os.path
import time
import threading
from wsgiref.validate import validator
from wsgiref.simple_server import make_server

EXCHANGE_FILE = "./exchange.dat"
```

```python
def update_exchange_file():
    """
    exchange.dat 파일에 10초마다 현재 날짜와 시간을 기록한다.

    파일이 없으면 새로 만든다.
    """
    print("Will update the exchange file")
    while True:
        with io.open(EXCHANGE_FILE, "w") as f:
            f.write(datetime.now().isoformat())
        time.sleep(10)

def simple_app(environ, start_response):
    """
    exchange.dat 파일의 내용을 읽고 반환한다.
    """
    if not os.path.exists(EXCHANGE_FILE):
        start_response(
            '503 Service Unavailable',
            [('Content-type', 'text/plain')]
        )
        return [b'Exchange file is not ready']

    start_response('200 OK', [('Content-type', 'text/plain')])
    with io.open(EXCHANGE_FILE) as f:
        return [f.read().encode('utf-8')]

if __name__ == '__main__':
    t = threading.Thread(target=update_exchange_file)
    t.start()

    httpd = make_server('', 8080, simple_app)
    print("Listening on port 8080....")

    try:
        httpd.serve_forever()
    except KeyboardInterrupt:
```

```
httpd.shutdown()
t.join(timeout=1)
```

위와 같이 좀 더 탄력적인 서비스는 exchange.dat 파일이 존재하는지 여부를 확인하고, 파일이 없으면 서비스의 루트 URL에 접속할 때 **503 Service Unavailable**[2]이라는 더 유용한 응답을 반환한다.

개선 검증

이제 여러분의 실험을 다시 실행해 개선 사항이 발견 및 분석된 취약점을 극복했는지 검증할 시간이다(그림 5-8).

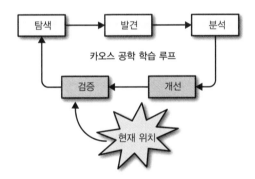

그림 5-8 여러분의 카오스 실험은 취약점이 실제로 극복됐는지 파악하는 카오스 테스트가 된다.

먼저 취약점을 포함한 기존 서비스 인스턴스를 제거한 후 다음 명령을 입력해 새롭게 개선된 탄력적인 서비스를 실행한다.

---

2. 표준 HTTP 상태 코드로 '서비스 사용 불가'를 의미한다. - 옮긴이

```
$ python3 resilient-service.py
Will update to exchange file
Listening on port 8080....
```

이전에 카오스 실험을 수행했던 터미널 창으로 전환해 실험을 다시 실행한다.

```
$ chaos run experiment.json
[2019-04-25 12:45:38 INFO] Validating the experiment's syntax
[2019-04-25 12:45:38 INFO] Experiment looks valid
[2019-04-25 12:45:38 INFO] Running experiment: Does our service tolerate the
loss of its exchange file?
[2019-04-25 12:45:38 INFO] Steady state hypothesis: The exchange file must exist
[2019-04-25 12:45:38 INFO] Probe: service-is-unavailable
[2019-04-25 12:45:38 INFO] Steady state hypothesis is met!
[2019-04-25 12:45:38 INFO] Action: move-exchange-file
[2019-04-25 12:45:38 INFO] Steady state hypothesis: The exchange file must exist
[2019-04-25 12:45:38 INFO] Probe: service-is-unavailable
[2019-04-25 12:45:38 INFO] Steady state hypothesis is met!
[2019-04-25 12:45:38 INFO] Let's rollback...
[2019-04-25 12:45:38 INFO] No declared rollbacks, let's move on.
[2019-04-25 12:45:38 INFO] Experiment ended with status: completed
```

취약점이 극복됐다. 정상 상태에 대한 가설은 대상 시스템의 편차를 감지하지 못하므로 여러분의 카오스 테스트는 시스템 복원력의 향상을 검증했다고 축하할 수 있다.

---

chaostoolkit.log와 journal.json 파일의 용도는?

여러분이 chaos run 명령을 실행하고 실험의 실행이 종료된 후에 두 개의 새로운 파일이 나타난 것을 알 수 있다(chaostoolkit.log와 journal.json 파일).

chaostoolkit.log 파일은 실험을 실행할 때 툴킷의 내부 작업에 대한 원시 로그 파일이

다. 카오스 툴킷 자체를 디버깅하는 데 유용하다.

journal.json 파일은 카오스 실험이 완료될 때 작성되며, 실험의 모든 실행 과정의 완전한 기록이다. 어떤 실험을 사용했는지, 정상 상태에 대한 가설에서 사용된 조사의 반환 값은 무엇인지, 실험 방법의 동작에 대한 응답은 무엇인지 등을 포함한다.

journal.json 파일을 직접 사용할 수 있지만 사람이 쉽게 읽을 수 있는 형식은 아니다. 이 파일은 자체 자동화를 통한 추가 해석과 다음 실험의 실행에 적합하지만 다른 사람과 결과를 공유하려는 목적에는 부합하지 않을 수 있다. 여러분이 실험 내용을 유용한 결과 보고서로 전환할 때 '사람이 읽을 수 있는 카오스 실험 보고서 생성과 공유' 절의 원시 journal.json 파일에서 한 가지 용도를 확인할 것이다.

요약

여러분은 먼 길을 왔다. 5장에서는 완전한 전체 주기를 수행했다. 취약점의 증거를 찾는 것에서부터 첫 번째 자동화된 카오스 실험을 사용해 취약점을 극복하고, 이를 검증하는 것까지 완료했다. 여러분은 탐색하고, 취약점을 발견하고, 분석하고, 시스템을 개선하고, 취약점이 극복됐는지 검증했다.

이제 카오스 툴킷 실험에서 정의한 용어를 더 자세히 파악할 시간이다. 6장에서는 처음부터 자신만의 카오스 실험을 구축하는 과정을 통해 실험 정의 형식의 세부 내용을 알아본다.

카오스 공학의 시작부터 종료까지

5장에서는 시스템의 취약점을 발견하는 것부터 미리 준비한 자동화된 카오스 실험을 사용해 이를 극복하는 것까지 전체 주기를 진행했다. 카오스 툴킷의 실험 정의 형식은 이러한 종류의 공유와 재사용을 위해 설계됐지만(7장 참고) 6장에서는 전체 여정을 실제로 경험할 수 있도록 첫 번째 원칙에 따라 실험을 구축할 것이다.

6장에서는 좀 더 현실적인 실험을 만들고자 대상 시스템에 대해 탐색하고 발견하려는 취약점은 본질적으로 다층적이다.

1장에서는 복원력에 대한 다양한 공격 영역을 다음과 같이 소개했다.

- 사람, 관행, 프로세스
- 애플리케이션
- 플랫폼
- 인프라

6장에서 만들고 실행할 실험은 플랫폼과 인프라 영역, 심지어 사람 영역에서도 취약점을 찾을 것이다.

대상 시스템

이 실험은 사람 수준의 취약점을 조사할 예정이므로 대상 시스템에 대한 단순한 기술적 설명 이상의 내용이 필요할 것이다. 그럼에도 시스템의 기술적 측면을 나열하면서 시작할 것이다. 그런 다음 전체 사회공학 시스템의 일부로 취약점을 찾아볼 사람, 프로세스, 관행을 고려할 것이다.

플랫폼: 세 개의 워커 노드로 구성된 쿠버네티스 클러스터

기술적으로 대상 시스템은 단순한 서비스를 실행하는 쿠버네티스 클러스터로 구성된다. 쿠버네티스는 클러스터에서 컨테이너와 서비스를 실행하고 지원하는 하위 수준의 인프라 리소스를 제공하는 쿠버네티스 노드와 플랫폼을 제공한다. 이 경우 대상 시스템은 세 개의 노드 클러스터 위상을 가진다.

쿠버네티스에 대해 더 알고 싶은가?

일반적인 클러스터에서 실행되는 모든 쿠버네티스 개념의 완전한 설명은 이 책의 범위를 벗어난다. 켈시 하이타워 등(Kelsey Hightower et al.)이 집필한 우수한 책 『쿠버네티스 시작하기 2/e』(에이콘, 2020)를 통해 플랫폼을 자세히 살펴보라.

따라서 6장의 카오스 실험을 위해 세 개의 노드로 구성된 클러스터 전반에 걸쳐 하나 이상의 복제된 컨테이너에서 서비스가 실행될 것이다. 이제 해당 서비스를 설명하고 클러스터에 배포할 시간이다.

애플리케이션: 단일 서비스, 세 번 복제

다시 한 번 말하지만 취약점을 찾을 때 충분히 복잡한 시스템, 즉 수백 개의 서비스로 구성된 매우 복잡한 애플리케이션이 필요하지 않다. 대상 시스템에 배포된 애플리케이션은 다음과 같이 정의된 단일 서비스로 구성한다.

```
import platform

import cherrypy

class Root:
    @cherrypy.expose
    def index(self) -> str:
        return "Hello world from {}".format(platform.node())

if __name__ == "__main__":
    cherrypy.config.update({
        "server.socket_host": "0.0.0.0",
        "server.socket_port": 8080
    })
    cherrypy.quickstart(Root())
```

이 코드는 이전에 가져온 책의 샘플 코드 중 chapter6/before 디렉터리에서 확인할 수 있다('샘플 대상 시스템 구축' 절 참고). 서비스 설명과 함께 배포 자체의 설명을 제공한다.

```json
{
    "apiVersion" : "apps/v1beta1",
    "kind" : "Deployment",
    "metadata" : {
        "name" : "my-service"
    },
    "spec" : {
        "replicas" : 3,
        "selector" : {
            "matchLabels" : {
                "service" : "my-service"
            }
        },
        "template" : {
```

```json
        "metadata" : {
            "name" : "my-app",
            "labels" : {
                "name" : "my-app",
                "service" : "my-service",
                "biz-app-id" : "retail"
            }
        },
        "spec" : {
            "containers" : [ {
                "name" : "my-app",
                "ports" : [ {
                    "name" : "http",
                    "containerPort" : 8080,
                    "protocol" : "TCP"
                } ],
                "imagePullPolicy" : "Always",
                "image" : "docker.io/chaosiq/sampleservice:0.1.0",
                "resources" : {
                    "limits" : {
                        "cpu" : 0.1,
                        "memory" : "64Mi"
                    },
                    "requests" : {
                        "cpu" : 0.1,
                        "memory" : "64Mi"
                    }
                }
            } ]
        }
    },
    "strategy" : {
        "type" : "RollingUpdate",
        "rollingUpdate" : {
            "maxUnavailable" : 1,
```

```
            "maxSurge" : 1
          }
        }
      }
    }
```

deployment.json 파일에서 주목할 내용은 replicas 지시문이다. 이 지시문은 서비스를 개발한 팀이 하나 이상의 복제본에 문제가 있는 경우 최소 예비 전략을 제공하고자 세 개의 인스턴스로 실행할 것을 기대하도록 명시한다. 이러한 명세를 배포할 때 kubectl apply -f before/와 같은 명령을 통해 사용 가능한 노드에서 my-service가 복제되도록 클러스터에 설정한다.

지금까지는 다 좋았지만 시스템에 참여하는 사람들이 하나 이상의 그룹인 경우도 종종 있다. 서비스와 배포 명세는 애플리케이션 자체를 담당하는 팀의 의도를 나타내지만 일반적으로 클러스터 자체를 담당하는 다른 그룹이 있으며, 이로 인해 복잡성과 혼란스런 상황이 발생할 수 있다.

사람: 애플리케이션 팀과 클러스터 관리자

이와 같은 시스템에서는 자원에 관련된 모든 실제 비용을 포함해 쿠버네티스 클러스터를 관리하는 책임자(클러스터 관리자라고 부름)와 클러스터에 애플리케이션을 배포하고 관리하는 사람(애플리케이션 팀이라 부름) 사이에 구분선이 있는 경우가 종종 있다. 클러스터 관리자는 다음과 같은 작업에 관심이 있다.

- 노드 관리

- 영구 디스크 관리

- 이러한 자원을 클라우드 공급업체에서 호스팅하는 경우 비용 관리

- 클러스터 문제가 아니라고 확인되면 주말 동안 집에서 휴식

애플리케이션 팀은 다음 사항에 더 관심을 갖는다.

- 애플리케이션과 구성 서비스, 그리고 종속성을 갖는 서드파티 소프트웨어가 정상인지 보장

- 컨테이너가 실행되는 쿠버네티스 파드[pods] 전체에서 이중화됐고, 충분한 용량을 확보했는지 보장

- 애플리케이션의 상태를 유지하는 데 필요한 영구 저장소를 선언했는지 보장

- 오후 5시 30분에 귀가할 수 있도록 보장(다른 시간도 가능)

애플리케이션 팀은 deployment.json과 service.json 명세가 플랫폼에서 필요한 것을 요청하도록 확인할 책임이 있다. 클러스터 관리자는 클러스터의 기본 자원이 애플리케이션 팀이 표현한 요건을 충족할 수 있도록 자체 대시보드와 도구를 보유할 것이다(그림 6-1 참고).

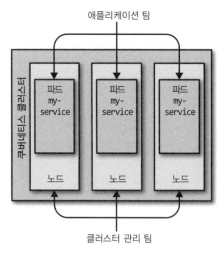

그림 6-1 쿠버네티스 클러스터에서 작업하는 애플리케이션 팀과 클러스터 관리자

취약점 사냥

이쯤 되면 모든 것이 좋아 보인다. 애플리케이션 팀은 그들이 필요한 것을 정의했으며, 클러스터 관리자는 이러한 요건을 충족할 수 있는 충분한 자원을 제공했다. 하지만 여러분은 카오스 엔지니어이므로 이 시스템에서 모든 사람이 갖고 싶어 하는 신뢰와 자신감을 뒷받침하고자 몇 가지 경험적 증거를 모을 것이다.

여러분은 팀을 한데 모아 시스템 전체의 신뢰성에 영향을 줄 수 있는 시스템의 잠재적 취약점을 생각할 것이다. 이 브레인스토밍 세션 동안 충분히 일반적으로 보이는 시나리오를 공동으로 파악했지만 운영 클러스터에서 어떻게 진행될지는 아무도 모른다.

시나리오는 클러스터 관리자와 애플리케이션 팀 간의 책임 분담과 관련이 있다. 정규 근무일 동안 클러스터 관리자는 애플리케이션 팀의 목표에 문제를 일으키는 작업을 실행할 수 있다. 문제를 일으킬 수 있는 상황은 아마도 일상적인 유지 보수 작업으로 클러스터 관리자가 클러스터에서 노드를 제거하는 조치를 취하는 경우이다. 이러한 일반적인 조치는 애플리케이션이 필요한 자원에 접근할 수 없는 상태로 남을 수 있다(이 경우 필요한 파드의 수).

자신의 잘못이 없어도 클러스터 관리자와 애플리케이션 팀의 개별 목표가 충돌해 시스템 중단으로 이어질 수 있다. 어려운 점은 이 시나리오가 문제가 될 수 있지만 여러분은 정확히 알지 못한다는 것이다. 실제 시스템에서 테스트하기 전까지는 확실히 알 수 없다. 이제 카오스 공학 학습 루프의 탐색 단계를 시작해 실제로 취약점이 있는지 알아내도록 노력할 시간이다.

자동화된 카오스 실험을 위해 다음 내용이 필요하다.

- 실험의 이름을 지정한다.

- 정상 상태에 대한 가설을 사용해 시스템이 '정상'에서 벗어나지 않았다는

것을 어떻게 알 수 있는지 선언한다.

- 취약점을 드러내고자 시도하고 싶은 혼란스런 상황을 정의한다.

- 실험이 끝나면 롤백으로 실행할 교정 작업을 정의한다.

이제 시작하자.

실험 이름 지정

chapter6 디렉터리에 새 experiment.json 파일을 만들고, 이름을 어떻게 정해야 하는지 고려하면서 실험 정의를 시작한다(탐색 중인 고급 질문에 따라 카오스 실험의 이름을 지정한다). 그런 다음 몇 가지 태그를 사용해 제목과 설명 영역을 완성한다.

```
{
    "version": "1.0.0",
    "title": "내 애플리케이션은 관리자가 주도한 노드 삭제에도 탄력적이다.", ❶
    "description": "내 애플리케이션이 최소한의 자원을 유지할 수 있는가?", ❷
    "tags": [
        "service",
        "kubernetes" ❸
    ],
```

❶ 이것은 믿음의 표현이다. 여러분은 이 실험에서 살펴본 혼란스런 상황에서도 시스템이 괜찮을 것이라고 믿는다.

❷ 설명은 내용을 좀 더 상세하게 말할 기회를 제공하며 때로는 처음에 실험을 유발하는 의구심을 불러일으킨다.

❸ 우리가 쿠버네티스 기반 시스템을 대상으로 한다는 것을 알고 있기 때문에 태그를 지정해 실험을 읽고 사용할 수 있게 만들고, 동일한 플랫폼에 적용하려는 다

른 사용자에게 도움을 준다.

정상 상태에 대한 가설 정의

'정상'은 어떤 모습인가? 시스템이 특정 범위 내에서 작동한다는 것을 알 수 있도록 어떻게 표시돼야 하는가? 모든 것이 작동하지 않을 수 있지만, 정상 상태에 대한 가설은 시스템 개별 부분의 상태와 관련이 없다. 주요 관심사는 실험 방법을 통해 주입되는 혼란스런 상황에 관계없이 시스템이 선언된 허용 오차 내에서 계속 작동할 수 있다는 것이다.

5장에서 본 것처럼 정상 상태에 대한 가설은 하나 이상의 조사 항목과 관련된 허용 오차로 구성된다. 각 조사 항목은 대상 시스템 내에서 속성을 찾고, 해당 속성의 값이 지정된 허용 오차 내에 있는지 여부를 판단한다.

정상 상태에 대한 가설에서 선언된 모든 조사 항목이 허용 범위 내에 있다면 여러분의 시스템은 '비정상' 상태가 아닌 것으로 인식될 수 있다. 여기에 표시된 것처럼 experiment.json 파일의 다음 영역에서 정상 상태에 대한 가설을 정의한다.

```
"steady-state-hypothesis": {
    "title": "서비스는 모두 이용 가능하고, 건강하다.", ❶
    "probes": [
        {
            "type": "probe",
            "name": "application-must-respond-normally",
            "tolerance": 200, ❷
            "provider": {
                "type": "http", ❸
                "url": "http://35.189.85.252/", ❹
                "timeout": 3 ❺
            }
        },
```

```
        {
            "type": "probe",
            "name": "pods_in_phase",
            "tolerance": true,
            "provider": {
                "type": "python", ❻
                "module": "chaosk8s.pod.probes", ❼
                "func": "pods_in_phase", ❽
                "arguments": { ❾
                    "label_selector": "biz-app-id=retail",
                    "phase": "Running",
                    "ns": "default"
                }
            }
        }
    ]
},
```

❶ 가설의 제목에는 시스템의 정상 상태에 대한 여러분의 믿음을 설명해야 한다.

❷ 이 경우의 허용 오차는 조사 항목이 HTTP 200 상태 코드를 반환할 것으로 기대한다.

❸ 첫 조사 항목은 HTTP를 사용해 엔드포인트의 반환값을 평가한다.

❹ 여러분은 이 값을 여러분의 쿠버네티스 클러스터에서 노출되는 서비스의 엔드포인트로 변경해야 한다.

❺ 적절한 시간제한은 여러분의 실험이 시스템은 정상이라고 판단하는 데 너무 오래 기다리지 않게 만드는 좋은 생각이다.

❻ 두 번째 조사 항목은 파이썬 모듈을 호출한다.

❼ 이 조사 항목에서 사용할 파이썬 모듈의 이름이다.

❽ 이 조사 항목에서 사용할 파이썬 함수의 이름이다.

❾ 조사 항목의 파이썬 함수에 제공할 매개변수의 키/값 목록이다.

이 정상 상태에 대한 가설은 조사 항목으로 간단한 HTTP 호출을 사용하는 방법을 보여준다. 더 복잡한 처리가 필요하다면 파이썬 모듈의 함수를 대신 사용하는 방법도 보여준다. 여기에서 제시하지 않은 세 번째 옵션은 로컬 프로세스에 대한 호출을 조사 항목으로 사용하는 것이다.

정상 상태가 2번 사용된다.

잊지 말 것: 실험이 실행될 때 정상 상태가 두 번 사용된다(그림 5–6 참고). 시작할 때 처음 한 번은 대상 시스템이 실험을 수행할 수 있는 알려진, 그리고 인지할 수 있는 '정상' 상태인지 판단한다. 그리고 종료될 때 한 번은 시스템 취약점을 나타낼 수 있는 알려진 '정상'과 눈에 띄는 차이가 있는지 감지한다.

요약하면 이 실험에서 정상 상태에 대한 가설은 대상 시스템을 조사해 (a) 시스템의 주요 진입점에서 3초 이내에 HTTP 200 상태 코드로 응답하고, (b) 쿠버네티스가 시스템 내의 모든 파드는 정상 실행 단계에 있다고 보고하는 것을 감지한다.

이제 실험 방법에서 선언한 약간의 혼란스런 상황으로 실험을 방해할 시간이다.

실험 방법에 혼란스런 상황 주입

카오스 실험의 방법은 대상 시스템의 취약점을 드러내고자 어떤 상황을 유발할 것인지 정의한다. 이 경우 여러분의 대상 시스템은 쿠버네티스 클러스터다. 문제는 카오스 툴킷이 혼돈을 유발하고 시스템의 속성을 조사하는 등 단지 몇 개의 제한적이고 기본적인 방법만을 지원한다는 점이다.

카오스 툴킷 쿠버네티스 드라이버 설치

기본적으로 카오스 툴킷은 쿠버네티스에 대해 아무것도 모르지만 드라이버라고 불리는 확장 프로그램을 설치해 문제를 해결할 수 있다. 카오스 툴킷 자체는 특정 시스템을 조사하고 카오스를 유발하는 실질적인 현명함이 존재하는 다양한 드라이버 사이에서 여러분의 카오스 실험을 조정한다(자체 드라이버와 커맨드라인 인터페이스 플러그인을 사용해 툴킷을 확장하는 다양한 방법은 8장을 참고한다).

다음 pip 명령을 사용해 카오스 툴킷 쿠버네티스 드라이버를 설치한다.

```
(chaostk) $ pip install chaostoolkit-kubernetes
```

카오스 툴킷을 사용해 쿠버네티스와 작업할 수 있는 기능을 추가하는 것은 위 명령 하나로 충분하다. 이용 가능한 다른 오픈소스와 상업적으로 유지 관리되는 드라이버 목록이 증가하고 있으며, 이 책의 후반부에서 자신만의 드라이버를 만드는 방법도 알아본다. 하지만 지금은 쿠버네티스 드라이버만 있으면 실험할 수 있다. 그리고 툴킷을 사용해 실험의 방법 내에서 카오스를 유발할 수 있다.

실험 방법에서 쿠버네티스 드라이버 사용

카오스 툴킷 드라이버는 조사 항목과 동작의 모음을 제공한다. 조사 항목은 정상 상태에 대한 가설의 조건을 지원하거나 단순히 실험이 실행되는 동안 유용한 정보를 수집하는 방법으로 대상 시스템의 속성을 검사할 수 있다. 동작은 혼란스런 상황을 유발하는 드라이버 부분이다.

실험을 위해 여러분은 클러스터에서 실행 중인 애플리케이션의 요건에 대한 이 작업의 영향을 인식하지 못한 채 유지 보수를 위해 노드를 줄이려고 시도하는 일상적인 쿠버네티스 클러스터 관리자 역할을 맡을 것이다. 특히 쿠버네티스 드라이버의

drain_nodes 동작을 사용해 실험의 방법에 진입점을 만들 것이다.

먼저 실험에서 **steady-state-hypothesis**의 선언 아래에 **method** 블록을 생성한다.

```
"steady-state-hypothesis": {
    // Contents omitted...
},
"method": [] ❶
```

❶ 실험 방법에는 많은 동작과 조사 항목이 포함될 수 있으므로 자바스크립트 배열로 초기화한다.

이제 여러분은 동작을 추가할 수 있다. 이 영역은 동작^{action}인지 아니면 조사^{probe}인지 구분하는 **type** 태그로 시작한다. 조사인 경우 결과가 실험 일지에 추가될 것이다. 그렇지 않으면 단순히 동작으로 실행되고 모든 반환값은 무시된다.

```
"steady-state-hypothesis": {
    // Contents omitted...
},
"method": [ {
    "type": "action",
}]
```

이제 여러분은 동작에 이름을 지정할 수 있다. 실험 일지에 동작의 수행 결과를 기록할 것이므로 가능하면 의미 있는 이름으로 만들어야 한다.

```
"steady-state-hypothesis": {
    // Contents omitted...
},
"method": [ {
    "type": "action",
```

```
        "name": "drain_node",
    }]
```

이제 재미있는 부분을 다룰 시간이다. 새롭게 설치된 카오스 툴킷 쿠버네티스 드라이버에서 drain_nodes 동작을 사용하도록 카오스 툴킷에 알려줘야 한다.

```
    "steady-state-hypothesis": {
        // Contents omitted...
    },
    "method": [ {
        "type": "action",
        "name": "drain_node",
        "provider": { ❶
            "type": "python", ❷
            "module": "chaosk8s.node.actions", ❸
            "func": "drain_nodes", ❹
            "arguments": { ❺
                "name": "gke-disruption-demo-default-pool-9fa7a856-jrvm", ❻
                "delete_pods_with_local_storage": true ❼
            }
        }
    }]
```

❶ provider 블록은 동작이 실행되는 방법을 설명한다.

❷ 이 경우 provider는 파이썬으로 작성된 모듈이다.

❸ 이 부분이 바로 카오스 툴킷이 사용해야 하는 파이썬 모듈이다.

❹ 동작에서 호출할 실제 파이썬 함수의 이름이다.

❺ drain_nodes 함수는 일부 매개변수를 기대하므로 여기서 해당 매개변수를 지정할 수 있다.

❻ 여기에서 클러스터의 현재 노드 이름을 명시해야 한다.

❼ 노드에 로컬 저장소가 연결된 상태라면 노드가 삭제되지 않을 수 있다. 이 플래
그가 true라면 그런 경우라도 노드를 삭제하는 동작을 실행한다.

이것으로 실험 방법을 완료했다. 우리가 우려하는 유일한 작업은 취약점을 드러내
고자 노드를 삭제하는 일을 맡은 쿠버네티스 클러스터 관리자뿐이다. 시스템에 취
약점이 없는 경우 정상 상태에 대한 가설의 조건은 방법을 실행하기 이전과 이후에
도 항상 허용 오차 범위 안에 있어야 한다.

모든 확장 프로그램은 파이썬으로 작성돼야 하는가?

요약하면 카오스 툴킷에 대한 확장 프로그램은 파이썬으로 작성할 필요가 없다. 카오스
툴킷은 확장을 위해 설계됐기 때문에 툴킷을 도구와 작업 흐름에 통합할 때 자신만의 드라
이버와 플러그인을 구현할 수 있는 다양한 방법이 있다.

지금 당장이라도 실험을 진행하고 싶겠지만 한 가지 더 고려할 사항이 있다. 원상
복구를 고려한 실험 방법을 통해 혼란스런 상황을 야기할 것이다. 이것이 실험에
서 롤백 영역의 목적이다.

롤백과 함께 좋은 시민되기

'롤백'이라는 용어는 여러분의 배경지식에 따라 다른 의미를 갖는다. 데이터베이
스의 경우 데이터베이스와 데이터를 이전 상태로 재설정하는 것부터 데이터가 손
실되지 않았다고 보장하고자 데이터를 수동으로 되돌리는 조작까지 모든 작업을
의미할 수 있다.

카오스 실험에서 롤백은 단순히 교정 작업일 뿐이다. 실험 방법에서 여러분이 조
작한 일부 시스템 속성을 다시 설정해 실험을 더 나은 시민으로 만들고자 여러분이
할 수 있는 작업인 것이다.

지금까지의 실험 정의는 클러스터 관리자가 정규 작업 과정에서 수행할 수 있는 것처럼 활성화된 쿠버네티스 노드를 의도적으로 제거하려고 시도했다. 이러한 변경이 수행된 것을 알고 있으므로 최소한 실험 방법 이전과 유사한 상태로 시스템을 되돌리는 노력이 필요하다. 다음과 같이 롤백 영역을 정의해 이를 수행한다.

```
"rollbacks": [
    {
        "type": "action",
        "name": "uncordon_node",
        "provider": {
            "type": "python",
            "module": "chaosk8s.node.actions",
            "func": "uncordon_node", ❶
            "arguments": {
                "name": "gke-disruption-demo-default-pool-9fa7a856-jrvm" ❷
            }
        }
    }
]
```

❶ 카오스 툴킷의 쿠버네티스 드라이버에서 uncordon_node 함수는 클러스터에서 삭제된 노드를 되돌리는 데 사용할 수 있다.

❷ 실험 방법에서 제거된 노드의 이름과 일치하도록 노드의 이름을 변경해야 한다. 다시 한 번 설명하면 kubectl get nodes 명령을 사용해 제거할 노드의 이름을 가져올 수 있다.

롤백하거나 롤백하지 않거나

적어도 실험의 방법에서 일어난 변경 사항은 되돌리는 것이 좋지만, 반드시 그렇게 할 의무는 없다. 실험의 혼란스런 상황이 장기간에 걸쳐 시스템에 어떤 영향을 미치는지 관찰하는 데 관심을 가질 수 있으며, 이 경우 롤백 영역에는 교정 작업이 비어 있을 수 있다.

동일한 생각이 자동 롤백을 갖는 아이디어에 영향을 미친다. 우리는 기본적으로 실험이 모든 작업을 자동으로 롤백해야 하는지를 고려했다. 그러나 이로 인해 툴킷과 드라이버의 구현이 복잡해졌을 뿐만 아니라 롤백이 완전히 자동으로 작업을 수행할 수 있다는 잘못된 인상을 줬다. 우리는 카오스 엔지니어가 어떤 작업이 중요하고 롤백할 가치가 있는지 명시적으로 결정하길 원했다.

이제 전체 실험의 정의가 완료됐으므로 어떤 취약점이 있는지 탐색하고 발견할 수 있도록 실험을 실행해야 할 시간이다.

모든 내용을 통합하고 실험 실행

실험을 실행하기 전에 대상 쿠버네티스 클러스터가 모두 설정됐는지 확인하는 것이 좋다. kubectl apply 명령을 사용해 클러스터에서 애플리케이션 팀의 서비스를 구축할 수 있다.

```
$ kubectl apply -f ./before
```

이 명령은 해당 서비스에 대한 트래픽을 제공할 수 있는 세 개의 파드 인스턴스를 가진 하나의 서비스를 생성할 것이다.

올바른 클러스터와 통신하도록 kubectl을 구성했는지 확인

카오스 툴킷 쿠버네티스 드라이버는 실험의 조사 항목과 동작을 위한 대상 클러스터로 kubectl 명령을 통해 선택된 클러스터를 사용한다. 따라서 실험을 실행하기 전에 kubectl 명령을 사용해 올바른 클러스터를 대상으로 가리키고 있는지 확인하는 것이 좋다.

이제 "내 애플리케이션은 관리자가 주도한 노드 삭제에도 탄력적이다." 여부를 탐색하는 실험을 실행할 시간이다. chaos run 명령을 실행해 이 작업을 수행할 수 있다(experiment.json이 아닌 경우 실험 파일의 이름을 명시적으로 지정해야 한다).

```
(chaostk) $ chaos run experiment.json
```

실험을 통해 카오스 툴킷이 시스템을 탐색하면서 다음과 같은 출력을 확인할 수 있다.

```
[2019-04-25 15:12:14 INFO] Validating the experiment's syntax
[2019-04-25 15:12:14 INFO] Experiment looks valid
[2019-04-25 15:12:14 INFO] Running experiment: My application is resilient to
admin-instigated node drainage
[2019-04-25 15:12:14 INFO] Steady state hypothesis: Services are all available
and healthy
[2019-04-25 15:12:14 INFO] Probe: application-must-respond-normally
[2019-04-25 15:12:14 INFO] Probe: pods_in_phase
[2019-04-25 15:12:14 INFO] Steady state hypothesis is met!
[2019-04-25 15:12:14 INFO] Action: drain_node
[2019-04-25 15:13:55 INFO] Action: drain_node
[2019-04-25 15:14:56 INFO] Steady state hypothesis: Services are all available
and healthy
[2019-04-25 15:14:56 INFO] Probe: application-must-respond-normally
[2019-04-25 15:14:56 INFO] Probe: pods_in_phase
[2019-04-25 15:14:56 ERROR] => failed: chaoslib.exceptions.ActivityFailed: pod
'biz-app-id=retail' is in phase 'Pending' but should be 'Running' ❶
[2019-04-25 15:14:57 WARNING] Probe terminated unexpectedly, so its tolerance
could not be validated
[2019-04-25 15:14:57 CRITICAL] Steady state probe 'pods_in_phase' is not in the
given tolerance so failing this experiment ❷
[2019-04-25 15:14:57 INFO] Let's rollback...
[2019-04-25 15:14:57 INFO] Rollback: uncordon_node
[2019-04-25 15:14:57 INFO] Action: uncordon_node
[2019-04-25 15:14:57 INFO] Rollback: uncordon_node
[2019-04-25 15:14:57 INFO] Action: uncordon_node
[2019-04-25 15:14:57 INFO] Experiment ended with status: deviated
[2019-04-25 15:14:57 INFO] The steady-state has deviated, a weakness may have
been discovered
```

120

성공이다. 여러분의 실험에서 잠재적으로 취약점을 발견했다. 여러분이 클러스터 관리자로 쿠버네티스 클러스터에서 두 개의 노드를 제거했을 때 시스템은 서비스가 요청한 세 개의 파드 인스턴스 조건을 충족할 수 없게 됐다. 이번 경우에는 변경 사항을 롤백했지만 시스템을 저하시킨 상태로 두고 다음에 어떤 일이 발생하는지 관찰할 수 있다.

이러한 취약점을 극복하는 한 가지 방법은 단순히 애플리케이션 팀의 서비스 요건을 충족하지 못할 때 클러스터 관리자가 클러스터에서 노드를 제거하지 못하게 하는 것이다. 클러스터 관리자가 준수해야 하는 몇 가지 규칙을 설정해 이 작업을 수행할 수 있지만 항상 누군가 실수할 가능성이 있다(모든 복잡한 시스템과 마찬가지로 사람에게도 오류가 있다). 따라서 시스템에 정책을 적용해 보호하는 것이 유용할 수 있다. 이것이 바로 쿠버네티스 중단 예산의 목적이다.

실행 중인 상태의 자동화된 카오스 실험 중단

상황이 심각하게 잘못되기 시작하면 실행 중간의 어느 시점에서는 자동화된 카오스 실험을 중단할 수도 있다. 카오스 툴킷에 있는 Control 개념을 사용해 이러한 종류의 동작을 제어할 수 있다. 자세한 내용은 3부를 참고한다.

취약점 극복: 중단 예산 적용

쿠버네티스 중단 예산은 자발적 중단으로 인해 동시에 서비스가 중지되는 복제 애플리케이션의 파드 수를 제한한다. 실험은 삭제 중인 노드에서 파드가 자발적으로 중단되는 것에 의존하므로 애플리케이션 팀은 쿠버네티스 클러스터에서 중단 예산 자원을 집행해 해당 파드를 보호하고 클러스터 관리자가 한 번에 너무 많은 노드를 제거하지 못하게 막을 수 있다.

```
{
    "apiVersion": "policy/v1beta1",
```

```
"kind": "PodDisruptionBudget",
"metadata": {
    "name": "my-app-pdb"
},
"spec": {
    "minAvailable": 3, ❶
    "selector": {
        "matchLabels": {
            "name": "my-app" ❷
        }
    }
}
}
```

❶ 특정 시점에 반드시 READY 상태에 있어야 하는 최소 파드 수를 지정한다.

❷ 이 중단 예산으로 보호할 파드를 선택한다.

그런 다음 아래의 명령을 실행해 클러스터에 중단 예산을 적용할 수 있다.

```
$ kubectl apply -f ./after
```

이제 여러분은 자신의 카오스 실험을 테스트로 활용해 이전에 감지된 취약점이 더 이상 존재하지 않는다는 것을 확인할 수 있다.

(테스터로서) 성공이다. 정상 상태에 대한 가설에서 벗어나지 않았고 원래의 취약점이 더 이상 존재하지 않기 때문에 여러분의 카오스 실험은 테스트를 통과했다.

요약

6장에서는 실험을 만들고 실험을 통해 학습한 다음, 실험에서 발견된 취약점이 극복됐는지 테스트하는 전체 흐름을 살펴봤다. 그러나 카오스 실험은 진공 상태에서 만들어지거나 적용되는 경우가 거의 없다. 이제 자동화된 카오스 실험에서 다른 사람들과 어떻게 협력할 수 있는지 살펴볼 시간이다.

## 7장

카오스 협업

1장에서는 협업이 성공적인 카오스 공학의 핵심이라는 것을 배웠다. 게임 데이든 자동화된 실험이든 카오스 실험을 진행할 때는 모든 사람이 카오스가 일어나고 있다는 것을 알아야 한다(자세한 내용은 10장 참고).

또한 이 협업은 여러분의 실험과 발견 자체로도 확장된다. 시스템의 취약점을 드러내고, 탐색하고, 극복하면서 카오스 공학이 여러분과 팀에게 얼마나 유용한지 살펴봤지만 잠재적으로 팀 외부의 다른 사람들에게도 유용할 수 있다.

좋은 소식은 6장에서 카오스 툴킷을 사용해 JSON이나 YAML 문서로 가설과 실험을 정의하는 데 많은 노력을 기울였기 때문에 이 실험이 팀 간의 공유와 잠재적 재사용을 위한 유용한 후보가 됐다는 것이다. 7장에서는 여러분 자신만의 코드를 작성할 때 실험을 공유하고 재사용할 수 있도록 몇 가지 최종 수정 방법을 알아본다.

하지만 내 실험은 구체적이고 공유할 가치가 없다

특정 시스템에 매우 구체적인 실험조차도 해당 시스템 작업자 이외의 사람들에게 흥미로울 수 있다. 다른 사람들은 사용되는 실험 방법의 유형부터 실험 가설의 가정에 이르기까지 모든 것에서 영감을 받을 수 있다. 여러분의 시스템을 대상으로 진행하는 다양한 종류의 실험을 보는 것만으로는 다른 사람이나 팀이 단순히 이전에 생각하지 못했던

> 잠재적 취약점을 즉시 고려할 수 있을지 예측할 수 없다. 따라서 가능할 때마다 공유할
> 수 있도록 항상 실험을 개발하라.

실험 정의 공유

실험의 몇 가지 특별한 측면은 내부에 포함된 구성 값을 공유하거나 심지어 시크릿 Secret(비밀 값)을 포함하는 것을 막을 수 있다. 여러분은 이미 개발 아티팩트에서 일반 텍스트로 시크릿을 공유하는 것은 좋지 않다고 알고 있을 것이고, 실험에도 동일한 주의를 기울여야 한다. 또한 시스템마다 구성 값이 다를 수 있다. 이러한 구성 값을 외부화하는 것도 좋은 방법이다. 따라서 실험을 직접 재사용하려는 사람은 수정이 필요한 구성에 대한 교육을 받을 것이다.

카오스 툴킷 카오스 실험 후보를 예로 들어본다(예제 7-1 참고).

예제 7-1. 구성과 시크릿을 내부에 포함한 실험

```
{
    "version": "1.0.0",
    "title": "Simply retrieves all events from Instana",
    "description": "Demonstrates retrieving all the events for a time window and
    adding them into the experiment's journal",
    "tags": [
        "instana"
    ],
    "secrets": {
        "instana": {
            "instana_api_token": "1234567789"
        }
    },
    "configuration": {
```

```
        "instana_host" : "http://myhost.somewhere"
    },
    "steady-state-hypothesis": {
        "title": "Services are all available and healthy",
        "probes": [{
                "type": "probe",
                "name": "app-must-respond",
                "tolerance": 200,
                "provider": {
                    "type": "http",
                    "url": "http://192.168.39.7:31546/invokeConsumedService"
                }
            }
        ]
    },
    "method": [
        {
            "type": "probe",
            "name": "get-all-events-in-window-from-instana",
            "provider": {
                "secrets": ["instana"],
                "type": "python",
                "module": "chaosinstana.probes",
                "func": "get_all_events_in_window",
                "arguments": {
                    "from_time": "5 minutes ago"
                }
            }
        }
    ],
    "rollbacks": []
}
```

이 실험은 우리가 외부화하려는 두 가지 측면, 구성과 시크릿을 설명하는 데 도움이 된다. 이 실험은 단순히 서드파티 인스타나 서비스^{Instana service}에 연결해 시스템 이벤트 목록을 검색한 후 실험 결과인 일지에 충실하게 배치하는 작업을 수행한다.

이 실험에 대해

이 샘플 실험은 실제로 인스타나 카오스 툴킷 드라이버의 소스코드에서 가져온 것이다. 인스타나는 애플리케이션 성능 관리 플랫폼이며 다른 도구와 통합되는 드라이버[1]를 사용해 애플리케이션의 상태를 검사하고, 실행 중인 카오스 실험에 대한 관찰 가능성을 제공하는 것이 일반적이다(10장 참고).

실험 방법의 단일 조사에서 인스타나와 통신하는 데 필요한 몇 가지 명백한 구성과 시크릿 블록이 있다. 시크릿의 경우 위험할 수 있지만 해당 값도 실험에 명시돼 있다. 또한 실험의 정상 상태에 대한 가설에서 app-must-respond 조사에 대한 URL을 지정한다. URL은 환경마다 다를 수 있으므로 구성 가능한 항목으로 만들기에 적합한 후보다.

이 실험을 좀 더 재사용 가능하고 공유하기 쉽게 만들고자 다음 내용을 수행할 것이다.

- app-must-respond 조사 항목의 URL을 구성 항목으로 이동한다.

- 실험의 모든 구성을 이동해 실험의 런타임 환경에서 가져올 수 있게 한다.

- 실험에서 사용하는 모든 시크릿을 이동해 실험의 런타임 환경에서 사용할 수 있게 한다.

---

1. 또는 여러분 자신만의 드라이버를 만들 수 있다(8장 참고).

구성 값 이동

여러분의 실험이 다른 대상 시스템을 가리킬 수 있도록 **app-must-respond** 조사 항목의 URL은 구성 가능한 값으로 선언돼야 한다. 이렇게 하려면 구성 블록에 구성 가능한 속성(application_endpoint)을 포함하는 신규 구성 항목을 생성한다.

```
{
    ...
    "secrets": {
        "instana": {
            "instana_api_token": "1234567789"
        }
    },
    "configuration": {
        "instana_host" : "http://myhost.somewhere",
        "application_endpoint": "http://192.168.39.7:31546/
        invokeConsumedService"
    },
    "steady-state-hypothesis": {
        "title": "Services are all available and healthy",
        "probes": [{
                "type": "probe",
                "name": "app-must-respond",
                "tolerance": 200,
                "provider": {
                    "type": "http",
                    "url": "http://192.168.39.7:31546/invokeConsumedService"
                }
            }
        ]
    },
    ...
}
```

이제 app-must-respond 조사 항목에서 필요할 때 ${}로 처리된 이름을 사용해 새로운 application_endpoint 구성 속성을 참조할 수 있다.

```
{
    ...
    "steady-state-hypothesis": {
        "title": "Services are all available and healthy",
        "probes": [{
                "type": "probe",
                "name": "app-must-respond",
                "tolerance": 200,
                "provider": {
                    "type": "http",
                    "url": "${application_endpoint}"
                }
            }
        ]
    },
    ...
}
```

application_endpoint 구성 속성을 도입하는 것은 좋은 시작이지만 실험에서는 여전히 하드 코딩된 값이다. instana_host 구성 속성에도 이러한 제한이 있다. 인스타나 호스트와 애플리케이션 엔드포인트를 서로 다른 환경에 맞게 조정하려면 이 두 값을 변경하기 위한 완전히 새로운 실험을 만들어야 한다. 우리는 이러한 구성 속성을 환경 변수로 이동시킴으로써 새로운 실험을 생성하지 않아도 된다.

구성 속성을 환경 변수로 지정

환경 변수의 이점은 실험의 소스코드에 영향을 주지 않고 지정하고 변경할 수 있어 실험을 더욱 재사용할 수 있다는 것이다. 환경 변수로 구성 속성을 채우려면 키와 값을 사용해 구성 속성에 대한 값을 포함하는 환경 변수로 매핑해야 한다. 이 예제는 application_endpoint 속성의 변경 사항을 보여준다.

```
{
    ...
    "configuration": {
        "instana_host" : "http://myhost.somewhere",
        "application_endpoint": {
            "type" : "env",
            "key" : "APPLICATION_ENDPOINT"
        }
    },
    ...
}
```

type은 env로 지정해 런타임 환경에서 카오스 툴킷이 구성 속성을 가져오도록 지시한다. 그런 다음 key는 해당 값을 제공할 환경 변수의 이름을 지정한다.

이제 instana_host 구성 속성에도 동일한 작업을 수행해 실험을 훨씬 더 나은 상태로 유지할 수 있다. 이 두 속성은 어떤 인스타나 서비스를 사용하고 애플리케이션 엔드포인트가 어디에 있는지를 런타임에 구성할 수 있다.

```
{
    ...
    "configuration": {
        "instana_host" :
        {
            "type" : "env",
            "key" : "INSTANA_HOST"
        }
        "application_endpoint": {
            "type" : "env",
```

```
            "key" : "APPLICATION_ENDPOINT"
        }
    },
    ...
}
```

시크릿의 외부화

실험에서 구성 속성을 외부화하는 것은 좋은 방법이며 시크릿을 외부화하는 것도
절대적으로 필수는 아니지만 좋은 관행이다. 반드시 소스코드에 시크릿이 포함돼
서는 안 되며 자동화된 카오스 실험도 코드이기 때문에 동일한 원칙을 적용한다.

지금 당장은 시크릿이 있다. 여러분의 실험 코드 안에 명시된 instana_api_token
은 우연히 커밋돼 모든 사람에게 공유되기를 기다리고 있다.

```
{
    ...
    "secrets": {
        "instana": {
            "instana_api_token": "1234567789"
        }
    },
    ...
```

이와 같이 시크릿을 포함하는 것은 절대 불가하다. 지금 바로 수정해보자. 카오스
툴킷을 사용할 때 시크릿을 가져올 수 있는 위치에 대한 몇 가지 옵션이 있다. 간단
히 실험의 구성 속성에서 했던 방법처럼 환경 변수에서 가져오도록 내장된 시크릿
을 변경한다.

```
{
    ...
    "secrets": {
        "instana": {
            "instana_api_token": {
                "type": "env",
                "key": "INSTANA_API_TOKEN"
            }
        }
    },
```

이제 **instana_api_token**의 시크릿은 **INSTANA_API_TOKEN** 환경 변수에서 제공되므로 실험을 안전하게 공유할 준비가 됐다.

시크릿의 범위 지정

이전 예제에서 구성 블록과 비교하면 시크릿 블록에 추가 수준의 중첩이 있다는 것을 알 수 있다.

```
{
    ...
    "secrets": {
        "instana": {
            "instana_api_token": {
                "type": "env",
                "key": "INSTANA_API_TOKEN"
            }
        }
    },
    "configuration": {
        "instana_host" :
        {
```

```
            "type" : "env",
            "key" : "INSTANA_HOST"
        }
    },
    ...
```

구성 블록은 instana_host 구성 속성을 직접 포함하지만 instana_api_token 시크릿은 추가로 instana 블록 안에 포함된다. 이는 카오스 툴킷 실험에서 시크릿이 특정 이름의 컨테이너로 범위를 지정하기 때문이다. 실험에서 시크릿을 사용할 때 어떤 시크릿 컨테이너를 활동에 사용할 것인지 지정해야 한다. 시크릿의 이름을 명시적으로 지정할 수는 없지만 시크릿이 필요한 컨테이너의 이름을 지정할 수 있다.

```
{
    "type": "probe",
    "name": "get-all-events-in-window-from-instana",
    "provider": {
        "secrets": ["instana"],
        "type": "python",
        "module": "chaosinstana.events.probes",
        "func": "get_all_events_in_window",
        "arguments": {
            "from_time": "5 minutes ago"
        }
    }
}
```

이와 같이 시크릿에 대한 추가적인 제어 수준은 목적이 있다. 여러분에게 보이지 않는 것에는 구성 속성이 조사 항목 및 동작에 명시적으로 값을 전달하는 것뿐만 아니라 카오스 툴킷이 사용하는 모든 기본 드라이버 및 제어에도 제공한다는 것이다.

이는 구성에는 적합하지만 시크릿에 적용하는 걸 원하지는 않는다. 누군가 속임수로 여러분의 카오스 툴킷에 사용자 정의 확장을 추가해 그들이 원하는 곳에 시크릿을 퍼뜨린다고 가정해보자. 구성에 적용한 것과 동일한 전략을 사용하는 것은 사소하면서 위험할 것이다.[2]

그렇기 때문에 시크릿은 다음과 같이 자신만의 컨테이너 이름으로 범위를 한정하고, 그들이 사용할 활동에 명시적으로 전달돼야 한다.

```
{
    ...
    "method": [
        {
            "type": "probe",
            "name": "get-all-events-in-window-from-instana",
            "provider": {
                "secrets": ["instana"],
                "type": "python",
                "module": "chaosinstana.probes",
                "func": "get_all_events_in_window",
                "arguments": {
                    "from_time": "5 minutes ago"
                }
            }
        }
    ],
    ...
}
```

위의 실험 코드에서 get-all-events-in-window-from-instana 조사 항목은 instana 시크릿 컨테이너의 범위 내에 있는 시크릿에 접근이 필요하므로 이는 조사 항목

---

2. 물론 악의적인 카오스 툴킷 확장 모듈을 설치해야 했지만 위험을 완전히 피할 수 있다면 더 좋을 것이다.

공급자의 secrets 속성을 사용해 명시적으로 지정한다.

기여 모델 지정

공유된 실험을 접하는 사람은 누구나 탐색 중인 가설, 혼란스런 상황을 주입하는 방법, 심지어 제안된 롤백에 대해 말할 수 있다. 자신만의 시스템을 대상으로 자신만의 실험에 대한 영감을 찾는 것만으로도 매우 가치 있을 것이다.

하지만 퍼즐의 한 조각은 여전히 활용되지 않고 있는데, 이 퍼즐 한 조각은 여러분이 가설 백로그(2장 참고)에서 사용할 수 있었던 것이고, 게임 데이 준비(3장 참고)에서도 추가한 것이다. 여러분의 백로그와 게임 데이 계획 모두는 게임 데이나 자동화된 카오스 실험에서 사용된 경우 실험이 만들 수 있는 신뢰와 확신에 대한 기여를 언급했다.

카오스 툴킷 실험 형식을 사용하면 이 정보를 특정 실험에 대한 '기여 모델'로 지정할 수 있다.

```
{
    ...
    "contributions": {
        "availability": "high",
        "reliability": "high",
        "safety": "medium",
        "security": "none",
        "performability": "none"
    },
    ...
}
```

실험은 기여의 집합을 선언할 수 있다. 실험이 특정 시스템의 품질에 대한 신뢰와 확신에 기여한다고 생각하는 정도에 따라 각 기여도를 none, low, medium, high로 평가한다. 이들 값 중 low, medium, high에 대해서는 거의 설명이 필요하지 않을 것이고, 그 외의 none은 다소 놀라운 값이다.

실험이 특정 시스템의 품질에 어떤 신뢰나 확신에도 기여하지 않는다는 것을 명시하고 싶을 때는 none 설정을 사용할 수 있다. 시스템 품질에 기여도를 명시하지 않는 것은 실험이 가져올 수 있는 품질에 대한 신뢰와 확신의 정도가 독자의 해석에 따라 다를 수 있다. 실험 작성자가 none으로 지정함으로써 시스템 품질에 대한 신뢰와 확신에 아무것도 추가할 의도가 없음을 명확하게 전달한다.

기여 모델을 지정하면 실험이 공유될 때 독자의 이해를 돕고자 더 많은 정보를 추가하지만, 그것이 기여 모델이 추가하는 전부는 아니다. 기여 모델은 실험의 실행 결과를 공유할 때도 수행할 역할을 갖고 있으며, 이를 용이하게 하고자 실험 결과 보고서를 만드는 방법을 살펴볼 시간이다.

사람이 읽을 수 있는 카오스 실험 보고서 생성과 공유

카오스 툴킷 실험을 수행하면 실험이 진행되면서 발견된 모든 항목에 대한 일지가 생성된다(4장 참고). 일지는 실험에 대한 모든 정보와 실험이 진행된 맥락에 대한 완전한 기록이다. 하지만 기본적으로 journal.json이라는 이름의 JSON 파일에 기록되므로 사람이 쉽게 분석하기 어려운 형태다.[3]

실험의 결과물인 저널에서 사람이 읽을 수 있는 보고서를 만들 수 있다면 훨씬 좋을 것이다. 그리고 chaostoolkit-reporting 플러그인을 사용하면 여러분도 할 수 있다.

---

3. 여러분이 이 내용을 수정할 수 있다.

단일 실험의 실행 보고서 생성

chaostoolkit-reporting 플러그인은 report 하위 명령으로 툴킷의 chaos 명령을 확장해 PDF, HTML, 여타 형식의 결과물을 생성할 수 있다. 플러그인을 설치하려면 기본 종속성이 필요하므로 약간의 노력이 필요하다. 여기서는 기본 종속성을 설치하는 대신 보고서 플러그인이 설치된 상태로 미리 패키징된 카오스 툴킷의 도커 컨테이너를 사용할 것이다.

가장 먼저 여러분이 사용하는 컴퓨팅 플랫폼에 도커^{docker}가 설치돼 있는지 확인한다. 도커를 설치한 다음, 커맨드라인에 docker -v를 입력하면 다음과 같은 내용이 표시돼야 한다.

```
$ docker -v
Docker version 18.09.2, build 6247962
```

여러분은 책의 내용과 다른 버전과 빌드 번호를 얻을 수 있지만 명령이 실행되면 설정이 된 것이다. 이제 사전에 패키징된 카오스 툴킷 도커 이미지를 다운로드할 수 있다.[4]

```
$ docker pull chaostoolkit/reporting
Using default tag: latest
latest: Pulling from chaostoolkit/reporting
bf295113f40d: Pull complete
62fe5b9a5ae4: Pull complete
6cc848917b0a: Pull complete
053381643ee3: Pull complete
6f73bfabf9cf: Pull complete
ed97632415bb: Pull complete
```

---

4. 이미지 파일이 크기 때문에 이 작업은 시간이 조금 걸릴 수 있다.

```
132b4f713e93: Pull complete
718eca2312ee: Pull complete
e3d07de070a7: Pull complete
17efee31eaf2: Pull complete
921227dc4c21: Pull complete
Digest: sha256:624032823c21d6626d494f7e1fe7d5fcf791da6834275f962d5f99fb7eb5d43d
Status: Downloaded newer image for chaostoolkit/reporting:latest
```

도커 이미지를 다운로드하고 추출한 후에는 실험의 실행에서 journal.json 파일을 찾을 수 있다. 파일이 포함된 디렉터리 내에서 다음 명령을 실행해 사람이 읽을 수 있고 공유할 수 있는 PDF 형식의 보고서를 생성할 수 있다.

```
$ docker run \
    --user `id -u` \
    -v `pwd`:/tmp/result \
    -it \
    chaostoolkit/reporting
```

이 docker 명령을 실행하면 기본적으로 현재 디렉터리에 있는 단일 journal.json 파일을 기반으로 PDF 보고서가 생성될 것이다. 조금 단순하지만 더욱 좋아질 것이다. 여러 개의 일지에 접근한다면 (단일 실험을 기반으로 시간이 지남에 따라 일지를 수집했거나 동일한 시스템을 대상으로 여러 가지 다양한 실험을 실행하면서 일지를 수집했거나) 실험 결과에 대한 모든 내용을 처리하는 chaos report 명령을 사용해 훨씬 더 강력한 보고서를 제공할 수 있다.

다중 실험의 실행 보고서 생성과 공유

여러 개의 실험 결과물에 대한 일지를 기반으로 보고서를 작성하려면 모든 파일에 대한 참조를 chaos report 명령에 제공하거나 우리의 경우 다음과 같은 docker 명령에 제공한다(journal-1.json, journal-2.json 파일처럼 각각의 일지가 journal-로 시작하는 파일의 집합이라면).

```
$ docker run \
    --user `id -u` \
    -v `pwd`:/tmp/result \
    -it \
    chaostoolkit/reporting -- report --export-format=html5 journal-*.json report.html
```

이 명령은 지정된 모든 일지를 가져와 공유할 준비가 된 report.pdf라는 기본 이름으로 명명된 우버 보고서를 생성한다. 그리고 각각의 기여 실험에서 기여 모델을 지정했다면 보고서에 추가 가치가 더해진다. 일지를 생성한 각 실험에서 기여 블록이 있는 경우 새로 만들어진 보고서에는 여러 개의 개요 차트가 표시돼 협업적 실험이 시스템 품질 전반에 걸쳐 신뢰와 확신에 어떻게 기여했는지 보여준다.[5]

요약

7장에서는 실험을 중심으로 협업을 가능하게 하는 것이 얼마나 중요한지 journal.json 파일을 통해 실험 결과를 기록하는 방법, 이러한 결과 파일을 다양한 형식의 중요한 보고서로 변환하는 방법을 살펴봤다. 8장에서는 협업 수준을 한 단계 더 높이고, 팀과 조직 전체에서 공유할 수 있는 기능을 사용해 자신만의 자동화된 카오스 실험 플랫폼을 최적화할 수 있는 방법과 이유를 알아본다.

이제 여러분의 카오스 툴킷을 최적화할 시간이다.

---

5. 이는 시스템의 신뢰성을 책임지는 모든 사람에게 중요한 요약이다.

## 8장

사용자 정의 카오스 드라이버 생성

두 시스템은 결코 동일한 환경에서 만들어지지 않으며, 시스템 구현의 선택 사항이 늘어나는 만큼 많은 장애 조건이 발생한다. 예를 들어 다음 옵션 중에서 선택할 수 있다.

- 가상 머신에서 실행

- 자체 데이터 센터의 전용 하드웨어에서 실행

- 가상 네트워크 사용

- 유선 네트워크 사용

- 아마존 웹 서비스, 마이크로소프트 애저, 구글 클라우드 등(또는 서비스 공급자로서 자체 클라우드 인프라 선택)

목록은 매우 방대하지만 그저 인프라 수준에 불과하다. 플랫폼과 애플리케이션 등 상위 수준에서 사용할 수 있는 많은 옵션을 고려하면 자동화된 카오스 실험용 일반적인 도구에 대한 생각을 방해할 가능성이 있는 옵션의 폭발적인 조합에 직면하게 된다.

여기서 핵심은 이러한 옵션 중에서 어떤 선택도 잘못되지 않았다는 것이다. 그들은 그저 다를 뿐이며 여러분의 고유한 상황 또한 다를 것이다. 모든 사람이 쿠버네티스 환경에서 도커 컨테이너를 실행하거나 서버리스에서 이벤트 기반 기능을 사용하는 것은 아니다. 설령 그렇더라도 앞서가는 클라우드 공급업체 사이에서조차 각 환경에 적응하는 어려움과 서비스의 차이는 여전히 존재한다.

그리고 여러분의 상황에 맞는 특별한 선택이 있다. 많은 인프라, 플랫폼과 애플리케이션 구현 결정이 표준화되고 일반화되고 있지만, 여러분은 여전히 업계의 다른 사람들과 다른 무언가를 갖고 있을 가능성이 높다. 아마 여러분은 기존의 COBOL 애플리케이션을 갖고 있거나 다른 어떤 것과도 완전히 다를 수 있는 오픈소스 프레임워크를 분기하고 수정했을 수 있다. 여러분의 상황이 어떻든 간에 카오스 실험을 실행할 때 상호작용해야 하는 특별한 무언가가 있을 수 있다.

다행히 카오스 툴킷에는 사용자 정의 기능이 내장돼 있다.

7장에서는 사용자의 요건을 충족하고자 카오스 툴킷을 확장하는 두 가지 주요 방법이 있다는 것을 배웠다.[1]

- 실험을 지원할 때 여러분 자신만의 조사 항목과 동작을 구현한 맞춤형 드라이버

- 툴킷을 관찰 가능성(10장 참고)이나 사람의 개입(11장 참고)과 같은 운영 관점의 문제와 통합하는 방법을 제공하는 맞춤형 컨트롤

카오스 툴킷과 카오스 툴킷 인큐베이터에서 사용할 수 있는 방대하고 증가하고 있는 오픈소스 확장 모음은 이러한 다양한 확장 지점의 일부나 전체를 구현해야 한다. 자신만의 맞춤형 확장을 만들기 전에 항상 이러한 자원을 확인해야 한다. 하지만 자신의 상황에 맞게 툴킷을 확장하는 것은 매우 일반적이다.

---

1. 플러그인이라는 세 번째 확장 지점이 있다. 플러그인은 카오스 툴킷의 커맨드라인 인터페이스 자체 기능을 확장해 종종 신규 하위 명령을 추가하거나 카오스 명령의 기존 하위 명령을 재정의한다. 자신만의 플러그인을 만드는 것은 이 책의 범위를 벗어나지만 사용자 정의 옵션을 활용하는 데 관심이 있다면 보고서 플러그인이 좋은 예제다('사람이 읽을 수 있는 카오스 실험 보고서 생성과 공유' 절 참고).

실험의 steady-state-hypothesis, method, rollbacks 영역에서 호출할 수 있는 사용자 정의 동작과 조사 항목을 만들고자 사용자 정의 드라이버를 생성하는 방법을 살펴본다.

코드 수정 없이 사용자 정의 드라이버 생성

여러분은 실험의 조사 항목과 동작에서 다음 옵션 중 하나를 사용해 추가적인 코드 없이 실험을 자체 시스템과 통합할 수 있다.

HTTP 호출 생성

여러분의 실험의 조사 항목과 동작에서 HTTP 엔드포인트를 호출할 수 있다.

로컬 프로세스 호출

여러분의 실험의 조사 항목과 동작에서 로컬 프로세스를 호출할 수 있다.

HTTP 호출로 조사 항목과 동작 구현

이전에 실험의 조사에서 HTTP 엔드포인트를 호출하는 방법을 살펴봤다('취약점의 증거 탐색과 발견' 절 참고). 단순히 GET 요청을 사용해 HTTP 엔드포인트를 호출하는 기본적인 경우에는 먼저 조사 항목의 공급자 유형을 http로 지정한다.

```
{
    "type": "probe",
    "name": "application-must-respond-normally",
    "tolerance": 200,
    "provider": {
        "type": "http",

    }
```

```
    }
```

그런 다음 호출할 URL을 제공한다.

```json
{
    "type": "probe",
    "name": "simple-http-call",
    "provider": {
        "type": "http",
        "url": "http://somehost"
    }
}
```

그러나 단순한 HTTP GET 요청 이상의 작업을 수행하려면 어떻게 해야 할까? 문제
가 없다. http 공급자를 사용하면 다음 내용을 지정할 수 있다.

method(방법)

사용할 HTTP 방법이다. 예를 들어 GET(기본값), POST, DELETE, PUT 등

headers(헤더)

HTTP 요청에서 헤더로 전달할 키와 값의 목록

arguments(매개변수)

요청의 본문(페이로드)으로 전달할 키와 값의 목록

하지만 여기에는 문제가 있다. 기본적으로 위에서 지정한 것과 같은 HTTP 조사 항
목은 제공한 URL 엔드포인트에 도달하지 못하거나 서비스에 문제가 있는 경우 무
기한 중단된다. 이 문제를 제어하려면 http 공급자에서 초 단위의 시간제한을 지
정할 수 있다.

```json
{
    "type": "probe",
    "name": "simple-http-call",
    "provider": {
        "type": "http",
        "url": "http://somehost",
        "timeout": 3
    }
}
```

HTTP 조사 항목의 반환값은 HTTP 상태, 응답 헤더와 HTTP 응답 본문의 집합이다. 조사 항목이 steady-state-hypothesis 블록 내부에 선언됐다면 조사 항목의 tolerance를 통해 확인할 내용 중 하나인지 상태 코드를 검사할 수 있다.

```json
"steady-state-hypothesis": {
    "title": "Services are all available and healthy",
    "probes": [
        {
            "type": "probe",
            "name": "application-must-respond-normally",
            "tolerance": 200,
            "provider": {
                "type": "http",
                "url": "http://192.168.99.100:32638/invokeConsumedService",
                "timeout": 3
            }
        }
```

여러분이 steady-state-hypothesis 필드에 http 공급자가 구현한 조사 항목을 사용할 때 HTTP 응답 상태보다 훨씬 더 많은 내용을 검사하고 싶을 수 있다. 특정 정보에 대한 응답 본문의 내용을 검사하거나 시스템이 인식 가능한 정상 상태라는 판단에 중요하게 사용되는 반환 헤더를 검사할 수도 있다. 안타깝게도 http 공급자는 이와 같은 고급 내부 검사를 허용하지 않는다. 이러한 기능이 필요한 경우, 다음에 설명한 바와 같이 bash 스크립트 같은 프로세스 공급자로 전환하는 것이 좋다.[2] 또는 훨씬 더 많은 프로그래밍 제어가 필요한 경우 파이썬으로 사용자 정의 드라이버를 구현하는 것을 고려할 수 있다('파이썬으로 자신만의 사용자 정의 카오스 드라이버 생성' 절 참고).

프로세스 호출을 통한 조사 항목과 동작 구현

http 공급자와 마찬가지로 카오스 툴킷에는 실험 실행의 일부로 임의의 로컬 프로세스를 호출할 수 있는 프로세스 공급자가 있다. 이번에는 프로세스 공급자를 사용하는 동작을 생성할 것이다.

```
{
    "type": "action",
    "name": "rollout-application-update",
    "provider": {
        "type": "process"
    }
}
```

path 키워드를 사용해 호출할 로컬 프로세스를 명시하고 arguments에는 내용을 입력해 프로세스에 전달할 매개변수를 지정할 수 있다.

```
{
    "type": "action",
    "name": "rollout-application-update",
    "provider": {
```

---

2. 아마도 여러분만의 셸 스크립트처럼 간단하지만 강력한 것을 호출하거나 스스로 컴파일한 프로그램처럼 더 복잡한 것도 사용할 수 있다.

```
        "type": "process"
        "path": "echo",
        "arguments": "'updated'"
    }
```

process 공급자는 로컬에서 호출할 수 있는 모든 것과 실험을 통합하는 강력한 방법이다. 시스템을 조사하고 작동하는 기존 도구 세트를 이미 갖고 있거나 해당 기능 위에 실험 자체의 상위 수준 추상화를 추가하려는 경우 특히 유용하다.

---

process 공급자의 힘

시스템에 대한 지식은 깊지만 카오스 공학 실험에 대한 경험이 부족한 사람들과 함께 작업할 때 process 공급자의 힘은 정말 분명하다. 종종 그런 사람들은 주어진 시스템과 상호작용하는 데 사용할 수 있는 스크립트와 프로그램을 깊이 이해하고 있다. 반면 여러분은 완전한 실험으로 연습을 포착하는 방법의 지식을 갖고 있다.

이러한 경우 여러분의 동료가 실험 생성의 복잡한 과정을 배울 필요가 없다(그들이 원하지 않는다면). 대신 그들은 자신에게 익숙한 도구를 선택해 작업할 수 있으며 process 조사 항목을 사용해 자신의 작업에 간단히 연결할 수 있다.

파이썬으로 자신만의 사용자 정의 카오스 드라이버 생성

때로는 자신만의 사용자 정의 조사 항목과 동작을 만들 때 완전한 프로그래밍 언어와 이를 지원하는 라이브러리 생태계의 힘만 필요하기도 하다. 지금은 카오스 툴킷에 자신만의 파이썬 확장 모듈을 구현하는 것을 고려할 시간이다.

첫 번째 단계는 카오스 툴킷이 설치된 인스턴스에서 파이썬 가상 환경(또는 선호하는 경우 글로벌 환경)이 있는지 확인하는 것이다.

```
(chaostk) $ chaos --help
...
```

여기에서는 앞서 생성한 chaostk 가상 환경에서 제공하는 chaos 명령을 사용하고
있다(4장 참고).

현재 목적을 위해 스프링 부트용 카오스 몽키와 통합하기 시작한 사용자 정의 파이
썬 드라이버를 만들 예정이다. 이는 실행 중인 스프링 부트 애플리케이션에 모든
종류의 혼란스런 상황을 주입할 수 있는 또 다른 카오스 공학 도구다.[3]

기존의 카오스 도구와 완벽히 통합되는 드라이버

카오스 툴킷의 카오스 드라이버는 대상 시스템뿐만 아니라 서드파티 카오스 공학 도구와도
통합될 수 있도록 특별한 목적으로 설계됐다. 이것이 바로 Toxiproxy와 Gremlin 같은 시스
템용 드라이버가 있는 이유다. 둘 모두 그 자체로 매우 유능한 카오스 유발 시스템이며
카오스 툴킷을 사용하면 각 도구에 실험 정의를 추가할 수 있을 뿐만 아니라 자신만의 카오
스 공학 요건에 맞게 최선의 도구를 선택할 수 있다.

새로운 스프링 부트용 카오스 몽키 드라이버에 대한 요구 사항은 특정 스프링 부트
애플리케이션 인스턴스에서 스프링 부트용 카오스 몽키가 활성화됐는지 여부에
관계없이 응답할 수 있는 조사 항목을 제공할 수 있어야 한다.[4]

왜 동작하지 않는가?

카오스 툴킷용 파이썬 드라이버에 구현된 동작이나 조사 항목에는 특별한 것이 없다.

---

3. 이것이 바로 스프링 부트용 카오스 몽키를 애플리케이션 수준의 카오스 도구라고 하는 이유다. 혼란스런 상황의 주입을 지원하
   고자 인프라나 플랫폼 수준과는 달리 애플리케이션 수준에서 구현돼 있다. 애플리케이션 수준의 카오스를 유발하는 도구는 아
   마존 웹 서비스의 람다 같은 서버리스 플랫폼으로 작업할 때처럼 다른 수준으로 혼란스런 상황을 주입하기 어려울 때 특히 유용
   하다.
4. 예리한 독자를 위해 스프링 부트용 카오스 툴킷을 위한 완전한 카오스 툴킷 드라이버가 이미 카오스 툴킷 인큐베이터에 준비돼
   있다. 다음 영역에서는 자신만의 드라이버를 생성하는 방법을 보여주고, 자체 통합 드라이버를 만드는 데 필요한 모든 단계를
   제공한다.

둘 모두 단순한 파이썬 함수다. 유일한 차이점은 혼란스런 상황을 조작하고 주입하고자 일반적으로 실험의 방법에서부터 동작이 호출되고, 조사 항목은 상호작용하는 시스템에 영향을 주지 않고 일부 속성을 검사하고자 호출된다는 것이다. 다음 영역을 완료하면 자신만의 파이썬 동작 함수와 앞으로 살펴볼 조사 항목을 만드는 데 필요한 모든 것을 얻을 수 있다.

카오스 툴킷 확장 프로젝트용 신규 파이썬 모듈 생성

첫 번째 단계는 새로운 확장 코드를 저장할 신규 파이썬 모듈 프로젝트를 만드는 것이다. 수동으로 이 작업을 수행할 수 있지만 **파이썬 쿠키커터 템플릿**을 사용하면 새 모듈에 필요한 보일러플레이트 코드를 설정할 수 있다. 쿠키커터 도구를 설치할 때 카오스 툴킷용 파이썬 가상 환경이 활성화됐는지 확인하고, 다음을 입력한다.

```
(chaostk) $ pip install cookiecutter
```

이제 다음 명령으로 chaosmonkeylite라는 신규 모듈을 생성할 수 있다. 각 줄의 프롬프트마다 여러분이 희망하는 정보를 채워 넣는다.

```
(chaostk) $ cookiecutter https://github.com/dastergon/cookiecutter-chaostoolkit.
git
full_name [chaostoolkit Team]: your_name
email [contact@chaostoolkit.org]: your_email
project_name [chaostoolkit-boilerplate]: chaostoolkit-chaosmonkeylite
project_slug [chaostoolkit_chaosmonkeylite]: chaosmlite
project_short_description [Chaos Toolkit Extension for X.]: Chaos Toolkit
Extension for the Chaos Monkey for Spring Boot
version [0.1.0]: 0.1.0
```

모든 작업이 제대로 수행됐다면 현재 디렉터리의 목록을 조회해 새로 만들어진 chaostoolkit-chaosmonkeylite 프로젝트의 내용을 볼 수 있다.

```
(chaostk) $ tree chaostoolkit-chaosmonkeylite
chaostoolkit-chaosmonkeylite
├── CHANGELOG.md
├── LICENSE
├── README.md
├── chaosmlite
│   └── __init__.py
├── ci.bash
├── pytest.ini
├── requirements-dev.txt
├── requirements.txt
├── setup.cfg
├── setup.py
└── tests
    └── __init__.py
```

지금까지는 모든 것이 좋다. 이제 chaostoolkit-chaosmonkeylite 디렉터리로 변경하고 비어있는 새 확장 모듈을 설치하면 개발과 테스트 준비가 완료될 것이다.

```
(chaostk) $ cd chaostoolkit-chaosmonkey
(chaostk) $ pip install -r requirements-dev.txt -r requirements.txt
...

(chaostk) $ pip install -e .
...

(chaostk) $ pytest
Test session starts (platform: darwin, Python 3.6.4, pytest 3.3.0,
pytest-sugar 0.9.0)
cachedir: .cache
rootdir: /Users/russellmiles/chaostoolkit-chaosmonkeylite, inifile: pytest.ini
```

```
plugins: sugar-0.9.0, cov-2.5.1
Coverage.py warning: No data was collected. (no-data-collected)

 generated xml file: /Users/russellmiles/chaostoolkit-chaosmonkeylite/junittest-
results.xml

---------- coverage: platform darwin, python 3.6.4-final-0 -----------
Name                        Stmts    Miss   Cover  Missing
-----------------------------------------------------------
chaosmlite/__init__.py        2        2     0%  3-5
Coverage XML written to file coverage.xml

Results (0.02s):
```

이름 충돌 주의

여러분이 쿠키커터 명령을 실행했던 위치에 chaosmonkeylite라는 이름의 디렉터리가
이미 있는 경우 쿠키커터 도구는 빈 디렉터리를 생성하고 비어있는 상태에서 내용을
채울 것으로 예상하므로 디렉터리 이름에 대한 충돌이 발생할 것이다.

조사 항목 추가

이제 카오스 툴킷 설치부터 파이썬 모듈 프로젝트를 모두 설정하고 연결할 수 있으
므로 몇 가지 기능을 추가할 시간이다. 첫 번째로 필요한 기능은 특정 스프링 부트
애플리케이션 인스턴스에서 스프링 부트용 카오스 몽키가 활성화됐는지 여부에
관계없이 응답할 수 있는 조사 항목을 제공하는 것이다.

테스트 기반 개발을 연습하면 test_probes.py 이름의 파일 안에 **tests** 모듈에 새로
운 조사 항목을 위한 아래의 테스트를 만들 수 있다.

```
# -*- coding: utf-8 -*-
from unittest import mock
from unittest.mock import MagicMock
```

```
import pytest
from requests import Response, codes

from chaosmlite.probes import chaosmonkey_enabled ❶

def test_chaosmonkey_is_enabled():
    mock_response = MagicMock(Response, status_code=codes.ok) ❷
    actuator_endpoint = "http://localhost:8080/actuator"

    with mock.patch('chaosmlite.api.call_api', return_value=mock_response) as
    mock_call_api:
        enabled = chaosmonkey_enabled(base_url=actuator_endpoint) ❸

    assert enabled ❹
    mock_call_api.assert_called_once_with(base_url=actuator_endpoint,
                                          api_endpoint="chaosmonkey/status",
                                          headers=None,
                                          timeout=None,
                                          configuration=None,
                                          secrets=None)
```

❶ chaosmlite 모듈에서 chaosmonkey_enabled 함수를 가져온다.

❷ 스프링 부트용 카오스 몽키 API에서 예상되는 응답을 모의로 작성한다.

❸ chaosmlite.api.call_api에 대한 호출을 모의하는 동안 스프링 부트용 카오스 몽키가 활성화됐는지에 대한 예상 응답을 반환하고, chaosmonkey_enabled 조사 항목의 함수를 호출한다.

❹ 스프링 부트용 카오스 몽키의 활성화 여부를 응답이 올바르게 식별하는지 확인한다.

이제 pytest 명령을 실행하면 다음과 같은 오류가 표시될 것이다.

```
(chaostk) $ pytest
...
```

```
E   ModuleNotFoundError: No module named 'chaosmlite.probes'
...
```

이건 공평해 보인다. 아직 작성하지 않은 조사 항목을 테스트에 사용하려고 하기 때문이다. 지금 이 작업을 수행하려면 chaosmlite 모듈 디렉터리에 있는 probes.py 파일 안에 다음 코드를 추가한다.

```python
# -*- coding: utf-8 -*-
from typing import Any, Dict

from chaoslib.exceptions import FailedActivity
from chaoslib.types import Configuration, Secrets
from requests.status_codes import codes

from chaosmlite import api

__all__ = ["chaosmonkey_enabled"]

def chaosmonkey_enabled(base_url: str,
                        headers: Dict[str, Any] = None,
                        timeout: float = None,
                        configuration: Configuration = None,
                        secrets: Secrets = None) -> bool: ❶
    """
    지정된 서비스에서 카오스 몽키가
    활성화돼 있는지 확인한다.
    """

    response = api.call_api(base_url=base_url,
                            api_endpoint="chaosmonkey/status",
                            headers=headers,
                            timeout=timeout,
                            configuration=configuration,
                            secrets=secrets) ❷
```

```
if response.status_code == codes.ok:
    return True ❸
elif response.status_code == codes.service_unavailable:
    return False ❹
else:
    raise FailedActivity(
        "ChaosMonkey status enquiry failed: {m}".format(m=response.text)) ❺
```

❶ 새로운 조사 항목 함수를 선언한다. 이 함수는 참이나 거짓 값(Boolean)을 반환한다. 또한 조사 항목 함수에서 사용할 수 있는 시크릿과 구성을 확인할 수 있다.

❷ 스프링 부트용 카오스 몽키 API를 구성하고 실제로 호출하는 기본 함수를 호출한다.

❸ 호출 결과 상태 코드로 ok를 응답하면 True를 반환한다(즉, 스프링 부트용 카오스 몽키가 활성화됨).

❹ 호출 결과 상태 코드로 service_unavailable을 응답하면 False를 반환한다(즉, 스프링 부트용 카오스 몽키가 활성화되지 않음).

❺ 예상치 못한 응답 코드가 있는 경우 카오스 툴킷 내부의 FailedActivity 예외를 발생시킨다. FailedActivity는 실험을 중단하지 않는 대신 포착된 실험의 결과물을 journal.json 파일에 메모로 추가한다.

구현 루프를 종료하기 위해 실제로 스프링 부트용 카오스 몽키 API를 호출하는 기본 api 모듈을 간단히 살펴보자. 다음 코드를 chaosmlite 모듈 안에 있는 api.py 파일에 추가해야 한다.

```
import json
from typing import Dict, Any
```

```
import requests

from chaoslib.types import Configuration, Secrets
from requests import Response

def call_api(base_url: str,
             api_endpoint: str,
             method: str = "GET",
             assaults_configuration: Dict[str, Any] = None,
             headers: Dict[str, Any] = None,
             timeout: float = None,
             configuration: Configuration = None,
             secrets: Secrets = None) -> Response:
    """ 스프링 부트용 카오스 몽키에 대한 일반적인 HTTP API 호출이다. 동작과 조사 항목 모두
    이 기능을 사용해 스프링 부트용 카오스 몽키 REST API를 호출한다.
    : 매개변수 base_url: 대상 애플리케이션의 기본 URL
    : 매개변수 api_endpoint: 스프링 부트용 카오스 몽키의 actuator 엔드포인트
    : 매개변수 method: HTTP 메서드며, 기본값은 'GET'이다.
    : 매개변수 headers: 스프링 부트용 카오스 몽키 REST API 호출 시 추가하는 HTTP 헤더
    : 매개변수 assaults_configuration: 스프링 부트용 카오스 몽키의 설정을 변경하고자 구성을
    공격한다.
    : 매개변수 timeout: 연결 시간이 초과되기 전 대기하는 시간
    : 매개변수 configuration: 키/값 형식으로 동작과 조사 항목에 런타임 값을 제공한다. 플랫폼별
    API 매개변수를 포함할 수 있다.
    : 매개변수 secrets: 안전한 방식으로 동작이나 조사 항목에 전달해야 하는 값을 선언한다(예, 인증
    토큰).
    :return: 요청에 대한 응답을 반환한다.
    """

    url = "{base_url}/{api_endpoint}".format(
        base_url=base_url, api_endpoint=api_endpoint)

headers = headers or {}
headers.setdefault("Accept", "application/json")

    params = {}
    if timeout:
```

```
        params["timeout"] = timeout

    data = None
    if assaults_configuration:
        data = json.dumps(assaults_configuration)
        headers.update({"Content-Type": "application/json"})

    return requests.request(method=method,
                            url=url,
                            params=params,
                            data=data,
                            headers=headers)
```

API 코드를 내 조사 항목에 직접 넣을 수 없는가?

api.py 파일의 call_api 함수에 있는 코드를 probes.py 파일의 chaosmonkey_enabled 함수에 직접 넣을 수 있다. 하지만 그럴 경우 구현해야 할 다양한 관점을 모의하거나 낮은 수준의 API 조작을 조사 항목이 나타내는 함수 계약과 통합하는 것을 더욱 어렵게 만들 것이다.

이 확장이 점점 복잡해지면 call_api 함수에 포함된 코드가 많은 조사 항목과 동작에서 무수히 반복되는 것을 볼 수 있다. 따라서 카오스 툴킷 확장 모듈은 이러한 문제 분리를 구현해 낮은 수준의 재사용 가능한 API 호출을 api.py 모듈에 준비한다. 반면 probes.py 파일에는 실험에서 호출할 실제 조사 항목 함수를 포함한다.

이제 pytest 명령을 실행하면 다음과 같은 결과를 확인할 것이다.

```
(chaostk) $ pytest
Test session starts (platform: darwin, Python 3.6.4, pytest 3.3.0,
pytest-sugar 0.9.0)
cachedir: .cache
rootdir: /Users/russellmiles/chaostoolkit-chaosmonkeylite, inifile: pytest.ini
plugins: sugar-0.9.0, cov-2.5.1
```

```
tests/test_probes.py::test_chaosmonkey_is_enabled ✓.
100% ▌.▌.▌.▌.▌.▌.▌.▌.▌.▌.
generated xml file: /Users/russellmiles/chaostoolkit-chaosmonkeylite/
junit-test-results.xml

---------- coverage: platform darwin, python 3.6.4-final-0 -----------
Name                       Stmts   Miss   Cover   Missing
------------------------------------------------------
chaosmlite/api.py             17     11     35%    35-50
chaosmlite/probes.py          13      3     77%    32-35
------------------------------------------------------
TOTAL                         32     14     56%

1 file skipped due to complete coverage.
Coverage XML written to file coverage.xml

Results (0.17s):
       1 passed
```

이제 실험에서 신규 파이썬 조사 항목 함수를 호출할 수 있다.

```
{
    "type": "probe",
    "name": "is_chaos_enabled_in_the_monkey",
    "provider": {
        "type": "python",
        "module": "chaosmlite.probes", ❶
        "func": "chaosmonkey_enabled", ❷
        "arguments": {
            "base_url": "http://localhost:8080/activator"
        } ❸
    }
}
```

❶ 신규 확장 모듈의 조사 항목을 사용하도록 지정한다.

❷ 호출할 조사 항목 함수의 이름이다.

❸ 새로운 조사 항목에 필요한 매개변수다.

이것으로 실험에 사용할 수 있는 완전한 카오스 툴킷 확장 모듈이 준비됐다. 이제 카오스 툴킷 확장 모듈을 만들었으므로 새 모듈의 코드를 동료와 간단히 공유할 수 있으며 동일한 단계를 거쳐 개발 용도로 설정해 모듈을 사용하고 개선할 수 있다. 또는 다른 사람들이 단일 pip 명령으로 사용할 수 있도록 PyPi와 같은 시스템을 사용해 모듈을 빌드하고 배포할 수 있다.

카오스 툴킷 인큐베이터 프로젝트에 모듈 추가

여러분이 만든 신규 모듈이 세상에 도움이 될 것인지도 고려할 수 있다. 그렇다면 카오스 툴킷 커뮤니티는 여러분의 모듈을 카오스 툴킷 인큐베이터 프로젝트에 추가하자는 여러분의 제안을 듣고 싶어 한다. 그곳에서 전 세계의 팀들과 작업하고 있는 다른 사람들과 협업할 것이다.[5]

요약

8장에서는 드라이버 개념을 통해 다른 시스템과의 통합을 지원하고자 카오스 툴킷을 확장하는 방법을 자세히 살펴봤다. 간단한 HTTP 호출이나 로컬 프로세스 호출을 사용해 조사 항목과 동작을 작성하는 방법과 사용자 정의 파이썬 카오스 툴킷 모듈을 사용해 더 복잡한 상호작용을 구현하는 방법도 배웠다.

9장에서는 여러분의 자동화된 카오스 공학 실험에 참여할 필요가 있는 운영상의 문제를 설명한다.

---

5. 8장에서 작업한 스프링 부트용 카오스 몽키 드라이버를 제안하지 말라. 이미 존재하는 드라이버다.

## 3부

카오스 공학 운영

카오스와 운영

카오스 공학이 게임 데이와 자동화된 카오스 실험을 통해 시스템 취약점의 증거를 드러내는 것이라면 인생은 덜 복잡할 것이다. 덜 복잡하지만 또한 훨씬 덜 안전하다.

게임 데이의 경우 샌드박스 환경에서 게임 데이를 실행하고 참가자, 관찰자, 외부 당사자를 비롯한 모든 사람이 게임 데이가 진행되고 있다는 것을 인식하게 하는 것만으로도 좀 더 많은 안전성을 확보할 수 있다(3장 참고).

자동화된 카오스 실험에서는 더 어려운 과제가 있다. 자동화된 실험은 잠재적으로 누구든지 언제라도 어떤 시스템을 대상으로 실행할 수 있다.[1] 자동화된 카오스 실험에는 두 가지 주요한 운영 문제가 있다(그림 9-1).

제어

여러분이나 팀의 일부가 실행 중인 실험의 제어권을 갖고자 할 수 있다. 예를 들어 여러분은 실험을 즉시 종료하길 원할 수 있다. 또한 실험에서 특별히 위험한 단계를 실행해야 하는지 아니면 건너뛸지 여부를 묻고자 할 수 있다.

---

1. 즉, 사용자가 자신의 컴퓨터에서 연결할 수 있는 모든 시스템이다.

관찰

여러분은 실험이 운영환경에서 실행 중일 때 디버깅할 수 있기를 원한다. 현재 실행 중인 실험과 방금 전 수행한 단계를 확인할 수 있어야 한다. 그런 다음 병렬로 실행되는 시스템의 다른 요소가 어떻게 실행됐는지 사후에도 추적할 수 있어야 한다.

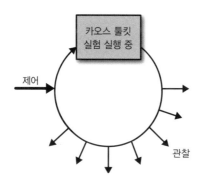

그림 9-1 실행 중인 자동화된 카오스 실험의 제어와 관찰 운영 문제

이러한 두 가지 문제를 지원하는 데 필요한 구현 방식과 시스템 통합 방법은 많다. 대시보드, 중앙 집중식 로깅 시스템, 관리와 모니터링 콘솔, 분산 추적 시스템을 비롯해 심지어 슬랙slack으로 정보를 표시할 수 있다.[2]

카오스 툴킷은 하나의 운영 API에서 제어와 관찰 두 기능을 모두 제공함으로써 이러한 모든 요구 사항을 충족할 수 있다.

---

2. 카오스 툴킷을 사용해 실행 중인 실험의 정보를 슬랙에 표시하는 방법은 Humio와 공동으로 오라일리에서 작성한 무료 전자책 『Chaos Engineering Observability』에서 확인할 수 있다.

실험 '제어'

카오스 툴킷 컨트롤은 실험의 실행 정보를 수신하고, 그렇게 하기로 결정한 경우에는 조사 항목이나 동작 같은 활동의 실행을 변경하거나 건너뛸 수 있는 권한을 갖고 있다. 심지어 전체 실험을 중단시킬 만큼 강력하다.

컨트롤은 해당하는 콜백 함수를 구현하고, 적절하다고 판단되는 시점에 필요한 작업을 수행해 실험의 제어 흐름을 가로챌 수 있다. 카오스 툴킷에서 컨트롤을 활성화하면 툴킷은 실험이 실행될 때 컨트롤에서 사용 가능한 콜백 함수를 호출할 것이다(그림 9-2 참고).

제어 호출

"before_experiment_control"

"before_hypothesis_control"
        "before_activity_control"　　　　**가설에 있는 각 활동마다**
        "after_activity_control"
"after_hypothesis_control"

"before_method_control"
        "before_activity_control"　　　　**방법에 있는 각 활동마다**
        "after_activity_control"
"after_method_control"

"before_hypothesis_control"
        "before_activity_control"　　　　**가설에 있는 각 활동마다**
        "after_activity_control"
"after_hypothesis_control"

"before_rollbacks_control"
        "before_activity_control"　　　　**롤백에 있는 각 활동마다**
        "after_activity_control"
"after_rollbacks_control"

"after_experiment_control"

그림 9-2 제어 기능이 구현된 경우 실험을 실행하는 동안 호출되는 컨트롤의 함수

각 콜백 함수는 실험 실행의 해당 시점에서 사용 가능한 모든 맥락을 콘텍스트로 전달한다. 예를 들어 다음은 after_hypothesis_control 함수에 전달하는 콘텍스트를 보여준다.

```
def after_hypothesis_control(context: Hypothesis,
                             state: Dict[str, Any],
                             configuration: Configuration = None,
                             secrets: Secrets = None, **kwargs):
```

이 경우 정상 상태에 대한 가설 자체가 after_hypothesis_control 함수에 콘텍스트로 전달된다. 그런 다음 컨트롤의 콜백 함수는 계속 진행할지, 다른 시스템에 메시지를 보내는 것과 같은 작업을 수행할지, 유용할 경우 가설을 수정할지 결정할 수 있다. 따라서 컨트롤이 매우 강력한 이유는 실행 중인 실험의 수행 내용을 관찰하고 제어할 수 있기 때문이다.

카오스 툴킷 컨트롤은 파이썬 프로그래밍 언어로 구현되며, 다음과 같은 콜백 함수 목록을 제공한다.

```
def configure_control(config: Configuration, secrets: Secrets):
# 실험이 실행되기 전에 트리거된다.
# 컨트롤의 초기화 코드에 유용하다.
    ...

def cleanup_control():
# 실험 실행이 끝날 때 트리거된다.
# 컨트롤의 정리 코드에 유용하다.
    ...

def before_experiment_control(context: Experiment,
                              configuration: Configuration = None,
                              secrets: Secrets = None, **kwargs):
# 실험이 실행되기 전에 트리거된다.
```

```
    ...

def after_experiment_control(context: Experiment,
                    state: Journal, configuration:
                    Configuration = None, secrets:
                    Secrets = None, **kwargs):
# 실험이 실행된 후에 트리거된다.
    ...

def before_hypothesis_control(context: Hypothesis,
                    configuration: Configuration = None,
                    secrets: Secrets = None, **kwargs):
# 가설을 분석하기 전에 트리거된다.
    ...

def after_hypothesis_control(context: Hypothesis, state:
                    Dict[str, Any], configuration:
                    Configuration = None, secrets:
                    Secrets = None, **kwargs):
# 가설을 분석한 후에 트리거된다.
    ...

def before_method_control(context: Experiment,
                    configuration: Configuration = None,
                    secrets: Secrets = None, **kwargs):
# 실험 방법이 실행되기 전에 트리거된다.
    ...

def after_method_control(context: Experiment, state: List[Run],
                    configuration: Configuration = None,
                    secrets: Secrets = None, **kwargs):
# 실험 방법이 실행된 후에 트리거된다.
    ...

def before_rollback_control(context: Experiment,
                    configuration: Configuration = None,
                    secrets: Secrets = None, **kwargs):
```

```
# 실험의 롤백이 차단되기 전에 트리거된다.
    ...

def after_rollback_control(context: Experiment, state:
                           List[Run], configuration:
                           Configuration = None, secrets:
                           Secrets = None, **kwargs):
# 실험 활동 전에 트리거된다.
# (조사 항목, 동작)이 실행된다.
    ...

def before_activity_control(context: Activity,
                            configuration: Configuration = None,
                            secrets: Secrets = None, **kwargs):
# 실험 활동 후에 트리거된다.
# (조사 항목, 동작)이 실행된다.
    ...

def after_activity_control(context: Activity, state: Run,
                           configuration: Configuration = None,
                           secrets: Secrets = None, **kwargs):
# 실험 활동 후에 트리거된다.
# (조사 항목, 동작)이 실행된다.
    ...
```

이러한 콜백 함수를 사용해 카오스 툴킷은 실험의 실행을 수동적으로 들을 수 있고, 관심 있는 모든 사람에게 해당 정보를 브로드캐스트하거나 심지어 실험의 실행에 개입할 수 있는 운영상의 문제를 구현한 호스트를 트리거할 수 있다.

컨트롤 활성화

카오스 툴킷으로 실험을 진행할 때 기본적으로 어떤 컨트롤도 활성화되지 않는다.

컨트롤에 대한 구현이 존재하더라도 무언가 이 컨트롤을 활성화하지 않는다면 컨트롤은 사용할 수 없을 것이다. 컨트롤은 몇 가지 방법으로 활성화할 수 있다.

- 실험 정의 영역 내 어딘가에 선언한다.

- 카오스 툴킷 인스턴스가 실행하는 모든 실험에 적용되도록 전역으로 선언한다.

컨트롤은 선택 사항이다.

카오스 툴킷에서 컨트롤은 전적으로 선택 항목이다. 카오스 툴킷이 실험의 어딘가에서 controls 블록을 만나면 툴킷은 이를 활성화하려고 시도한다. 하지만 컨트롤이 없더라도 실험을 중단할 이유로 고려되지 않는다. 이것은 설계한 의도대로 컨트롤이 추가적이고 선택적인 것으로 간주되기 때문이다.

실험에서 인라인으로 컨트롤 활성화

문서의 최상위 수준의 실험 정의에서 컨트롤을 활성화하면 여러분의 실험이 이상적으로 컨트롤이 활성화된 상태에서 실행돼야 한다는 것을 나타낼 때 유용하다.[3]

```
{
    ...
    "controls": [
        {
            "name": "tracing",
            "provider": {
                "type": "python",
                "module": "chaostracing.control"
            }
        }
    ]
}
```

---

3. '이상적'이라는 단어를 사용한 이유는 앞선 참고에서 설명한 대로 카오스 툴킷에서 컨트롤이 선택 사항으로 간주되기 때문이다.

```
    ],

    ...
```

또한 여러분은 정상 상태에 대한 가설에 대해서만 또는 실험의 특정 활동에 대해서만 컨트롤이 호출될 수 있도록 명시할 수도 있다.

전역으로 컨트롤 활성화

때로는 실험에서 선언했는지 여부와 관계없이 컨트롤을 활성화하려는 경우가 있다. 이 작업은 다음과 같이 ~/.chaostoolkit/settings.yaml 파일에 컨트롤을 추가해 수행할 수 있다.

```
controls:
    my-stuff:
        provider:
            type: python
            module: chaosstuff.control
```

요약

9장에서는 카오스 툴킷을 사용해 제어와 관찰의 운영 문제를 구현할 수 있는 방법을 배웠다. 10장에서는 실행 중인 카오스 실험의 런타임 관찰 가능성을 활성화하는 통합 기능을 구현하고자 카오스 툴킷 컨트롤을 사용하는 방법을 살펴본다.

카오스 공학의 관찰 가능성 구현

10장에서는 9장에서 만든 기존 카오스 툴킷 컨트롤을 사용해 실행 중인 카오스 실험을 관찰할 수 있게 만드는 방법을 살펴본다.

관찰 가능성은 시스템을 극적인 방법으로 수정하지 않고도 실행 중인 시스템을 효과적으로 디버그하는 데 도움이 되기 때문에 운영상의 중요한 문제다. 관찰 가능성은 시스템 관리와 모니터링의 상위 집합으로 생각할 수 있다. 관리와 모니터링은 전통적으로 "서버가 응답 중인가?"와 같은 닫힌 질문에는 잘 대답해 왔다. 관찰 가능성은 "사용자와 상호작용의 지연을 실시간으로 추적할 수 있는가?" 또는 "어제 제출된 사용자와 상호작용이 얼마나 성공적인가?"와 같은 열린 질문에 대답할 수 있도록 확장한다.

여러분이 자동화된 카오스 실험을 실행할 때 전체 시스템의 관찰 가능성 모형에도 참여할 필요가 있다. 10장에서는 다음과 같은 관찰 가능성의 문제와 이를 자신만의 카오스 툴킷의 카오스 실험에 활성화하는 방법을 살펴본다.

- 카오스 실험의 실행을 로깅한다.
- 카오스 실험의 실행을 분산 추적한다.

시스템의 동작과 내부 상태에 대해 언제든지 열린 질문을 할 수 있다는 확신을 가지려면 얼마나 멀리 가야 하는지 결정해야 한다. 우수한 로깅과 추적은 시작이다. 하지만 포착하고 통합하길 원하는 잠재적인 관찰 가능한 신호와 시스템이 광범위하게 있을 수 있다. 카오스 툴킷 컨트롤 추상화는 여러분이 선택한 시스템과 실험을 통합하는 데 도움이 될 수 있다. 통합은 이미 인큐베이터에서도 사용할 수 있다.

카오스 실험에 로깅 추가

의미 있는 로깅 이벤트로 구성된 중앙 집중식 로깅은 모든 시스템의 관찰 가능성 전략에 강력한 기반이다. 여기서는 자동화된 카오스 실험의 실행을 중앙 집중식 로깅 이벤트 집합에 추가하고, 실험이 실행되는 동안 거쳐야 하는 모든 단계에 대한 이벤트를 추가한다.

실행 중인 카오스 실험 정보를 수신하고, 이벤트를 중앙 집중식 로깅 시스템으로 보내는 로깅 컨트롤을 구현할 것이다. 카오스 툴킷 인큐베이터에서 사용할 수 있는 기존 구현 중 하나인 Humio라는 중앙 집중식 로깅 시스템으로 로그 이벤트가 들어가는 것(Push)을 확인할 수 있다. 전체 로깅 컨트롤에서 가져온 아래의 코드 예제는 카오스 툴킷 제어 기능을 구현해 실행 중인 카오스 실험의 수명주기에 연결하는 방법을 보여준다.

```
...
def before_experiment_control(context: Experiment, secrets:
                              Secrets):
# 실험을 전달한다.

    if not with_logging.enabled:
```

```
        return

    event = {
        "name": "before-experiment",
        "context": context,
    }
    push_to_humio(event=event, secrets=secrets)
...
```

Humio 확장 모듈이 설치된 상태에서 이제 각 실험에 **controls** 구성 블록을 추가할 수 있다('컨트롤 활성화' 절 참고). 실험을 실행하면 로깅 이벤트가 여러분의 로깅 시스템에 전달될 것이다.

```
{
    ...
    "secrets": {
        "humio": {
            "token": {
                "type": "env",
                "key": "HUMIO_INGEST_TOKEN"
            },
            "dataspace": {
                "type": "env",
                "key": "HUMIO_DATASPACE"
            }
        }
    },
    "controls": [
        {
            "name": "humio-logger",
            "provider": {
                "type": "python",
                "module": "chaoshumio.control",
```

```
            "secrets": ["humio"]
        }
    }
]
...
}
```

또는 \~/.chaostoolkit/settings.yaml 파일에 전역 항목을 추가해 Humio 컨트롤을 활성화할 수 있다.

```
controls:
    humio-logger:
        provider:
            type: python
            module: chaosstuff.control
            secrets: humio
```

중앙 집중식 카오스 로깅 수행

구성을 완료하고 로깅 확장 모듈이 설치되면 그림 10-1과 같이 여러분의 실험에서 Humio 대시보드로 도착하는 로깅 이벤트를 볼 것이다.

그림 10-1 카오스 실험 실행의 로그 메시지

카오스 실험의 실행은 이제 관찰 가능한 전체 시스템 로깅의 일부다. 이러한 이벤트는 다른 로깅 이벤트와 마찬가지로 쿼리와 탐색을 통해 조작할 수 있다(그림 10-2 참고).

그림 10-2 카오스 실험 실행의 쿼리

카오스 실험 추적

분산 추적은 실행 중인 시스템과 상호작용이 시스템 전체에 전파되는 방식을 이해하는 데 매우 중요하다. 추적 정보로 로깅 메시지를 풍부하게 함으로써 어떤 이벤트가 발생했는지, 어떤 순서로 발생했는지, 누가 모든 것을 실시했는지와 같은 질문에 중요한 답변을 모을 수 있다. 카오스 실험이 전체 시스템에 미치는 영향을 이해하려면 추적 관찰 가능성 모형에 카오스 실험을 추가할 필요가 있다.

여기에서는 추적 정보를 분산 추적 대시보드로 푸시할 수 있는 카오스 툴킷 컨트롤을 사용해 일반적인 시스템 상호작용 추적과 함께 카오스 실험에 대한 추적 내용을 볼 수 있는 방법을 살펴본다.

OpenTracing 소개

OpenTracing은 분산 추적 정보를 포착하고 전달하는 데 유용한 개방형 표준이다. 카오스 툴킷에는 OpenTracing 컨트롤을 제공하는 OpenTracing 확장 모듈이 포함돼 있으며, 10장에서 이 컨트롤을 실제로 사용하고 확인할 것이다.

OpenTracing 컨트롤 적용

OpenTracing 카오스 툴킷 확장 모듈을 설치한 후 구성 블록을 지정해 OpenTracing 컨트롤을 사용하도록 실험을 구성할 수 있다.

```
{
    "configuration": {
        "tracing_provider": "jaeger",
        "tracing_host": "127.0.0.1",
        "tracing_port": 6831
    },
    "controls": [
        {
            "name": "opentracing",
            "provider": {
                "type": "python",
                "module": "chaostracing.control"
            }
        }
    ]
```

```
    }
```

이 구성은 컨트롤을 켜고 OpenTracing 피드[feed]를 목적지로 지정한다. 이 경우 목적지는 Jaeger 추적 시각화 대시보드지만 OpenTracing 피드 수신을 지원하는 어떤 도구도 가능하다.

앞의 구성은 카오스 툴킷에 실험 실행의 추적을 Jaeger 대시보드로 전송하도록 지시한다. 여기에서 이러한 추적은 그림 10-3과 같이 런타임 시스템의 다른 모든 추적과 함께 표시될 수 있다.

그림 10-3 Jaeger 대시보드에서 애플리케이션과 카오스 추적

요약

10장에서는 기존 카오스 툴킷 컨트롤을 사용해 자동화된 카오스 실험에 로깅과 분산 추적 운영 문제를 추가했다. 이 두 개의 컨트롤은 모두 수동적이다. 단순히 실험의 실행 정보를 수신하고, 정보를 각각의 시스템으로 전달한다. 이제 수동적이지 않은 사용자 정의 컨트롤을 만들 시간이다. 이 컨트롤은 실험의 실행에 대한 실질적인 제어를 제공할 수 있다(그림 9-1 다시 참고).

## 11장

카오스 실험 자동화에서 사람의 개입

실험의 처음부터 끝까지 완료하는 자동화된 카오스 공학 실험을 지금까지 만들었다. chaos run 명령으로 실험을 시작하고 실험을 완료하면 출력 결과를 확인해 발생할 수 있는 시스템 취약점의 증거를 나타낼 수 있는 정상 상태에 대한 가설에서 편차가 있는지 확인한다.

많은 자동화된 카오스 실험에서 이 실행 전략은 완벽하다. 특히 카오스 실험을 테스트로 지속적으로 실행하는 것을 고려할 때(12장 참고) 사람의 개입 없이 실험을 실행하는 기능은 필수적이다.

그러나 때로는 카오스 실험을 실행하는 데 더 많은 운영 제어가 필요하다. 아마도 여러분은 가끔은 건너뛰고 싶은 정상 상태에 대한 가설에서의 조사 항목 활동이 있거나 실험 방법에서 어떤 경우에는 계속해 실행하거나 건너뛰는 것 중에서 선택하고 싶은 동작 활동이 있을 수 있다. 또한 일이 잘못되기 시작하면 실험을 완전히 중단하도록 선택할 수 있는 '큰 빨간색 중단 버튼'이라는 은유적인 기능을 도입할 수 있다.

이 사례들 각각은 카오스 실험 실행에서 사람의 개입을 요구한다. 실험은 여전히 계속 자동화되지만 여러분은 실험이 실행되는 동안 수행하는 방식을 다른 사람이 선택할 수 있도록 허용하려고 한다. 이러한 모든 시나리오는 카오스 툴킷의 제어 기능을 사용해 수행할 수 있다.

이제 자동화된 카오스 실험 실행에서 다음과 같은 유형의 사람과 상호작용을 지원하는 두 개의 새로운 카오스 툴킷 컨트롤을 처음부터 만드는 방법을 살펴보자.

- 간단한 '계속하려면 클릭...' 방식의 상호작용

- '즉시 중단!' 모든 단계에서 전체 실험을 중단할지 여부를 묻는 사용자 상호
  작용 – '큰 빨간색 중단 버튼'으로도 알려짐

컨트롤을 위한 신규 카오스 툴킷 확장 생성

카오스 툴킷 드라이버와 마찬가지로 카오스 툴킷 컨트롤도 파이썬으로 작성되며, 일반적으로 카오스 툴킷 확장 모듈 내에 배치된다. 기존 카오스 툴킷 확장 프로젝트에 여러분의 신규 컨트롤을 단순히 추가할 수 있다(아마도 사용자 정의 카오스 툴킷 드라이버를 위해 이전에 만들었던 프로젝트('파이썬으로 자신만의 사용자 정의 카오스 드라이버 생성' 절 참고)). 하지만 명확하고 단순하게 유지하고자 새 컨트롤을 포함할 신규 확장 모듈을 만들 것이다.

이전에 했던 것처럼 쿠키커터를 사용해 새로운 카오스 툴킷 확장 모듈을 생성한다.

```
(chaostk) $ cookiecutter \
           https://github.com/dastergon/cookiecutter-chaostoolkit.git
full_name [chaostoolkit Team]: your_name
email [contact@chaostoolkit.org]: your_email
project_name [chaostoolkit-boilerplate]: chaostoolkit-hci
project_slug [chaostoolkit_hci]: chaoshci
project_short_description [Chaos Toolkit Extension for X.]: Chaos Toolkit Extension \
that adds a collection of human interaction controls for automated \
```

```
chaos experiments.
version [0.1.0]: 0.1.0
```

이제 chaostoolkit-hci 디렉터리 안에 신규 카오스 툴킷 확장 모듈이 있어야 한다.

```
(chaostk) $ tree chaostoolkit-hci
chaostoolkit-hci
├── CHANGELOG.md
├── LICENSE
├── README.md
├── chaoshci
│   └── __init__.py
├── ci.bash
├── pytest.ini
├── requirements-dev.txt
├── requirements.txt
├── setup.cfg
├── setup.py
└── tests
    └── __init__.py
```

사람과 상호작용하는 (매우) 간단한 컨트롤 추가

여러분이 chaostoolkit-hci 확장 프로젝트에 추가할 첫 번째 컨트롤은 간단한 '계속하려면 클릭...' 방식의 상호작용이다. 컨트롤은 실행 중인 실험 내의 모든 활동에 대한 수행 내역을 수신하고, 각 활동 전에 일시 중지하고, 사용자에게 '계속하려면 클릭...'이라는 메시지를 사용자에게 보여준다. 그런 다음 아무 키나 눌러지면 계속 진행할 것이다. 매우 간단하다. chaostoolkit-hci/chaoshci 디렉터리에서 다음 내용으로 simplehci.py라는 새로운 파일을 만든다.

```
# -*- coding: utf-8 -*-
from chaoslib.types import Activity ❶
import click

__all__ = ["before_activity_control"]

def before_activity_control(context: Activity, **kwargs): ❷
    """
    활동을 실행하기 전에 키를 누르도록 프롬프트를 보여준다.
    """
    click.pause() ❸
```

이 코드에서 발생하는 작업은 다음과 같다.

❶ 카오스 툴킷은 Activity라고 불리는 모든 활동에 대한 편의 유형을 제공한다.

❷ 어떤 활동이 실행되려고 할 때마다 수신하고 조치해야 하는 단일 컨트롤 콜백 함수를 선언한다.

❸ 파이썬 라이브러리 click에 있는 pause 기능을 사용해 사용자가 아무 키나 누를 수 있도록 적절한 프롬프트를 표시하면서 기다린다.

이제 이 새로운 컨트롤을 작동해보자. 먼저 click 라이브러리를 설치할 필요가 있을 것이다. 쿠키커터를 사용해 카오스 툴킷 확장 프로젝트를 생성할 때 기본적으로 click 라이브러리를 포함하지 않았기 때문이다. 런타임에 사용할 수 있도록 새로운 종속성을 추가하려면 chaostoolkit-hci/requirements.txt 파일을 편집해 다음 내용을 포함시킨다.

```
chaostoolkit-lib>=1.0.0
logzero
click
```

이제 chaostoolkit-hci 디렉터리에서 다음 명령을 실행해 이와 같은 종속성을 설치할 수 있다.

```
(chaostk) $ pip install -r requirements.txt -r requirements-dev.txt
```

---

requirements-dev.txt 파일의 용도는 무엇인가?

여러분이 예상한 대로 requirements-dev.txt 파일에는 이 모듈 프로젝트를 실행하는 데 필요한 모든 종속성이 포함돼 있다. requirements-dev.txt 파일은 카오스 툴킷 확장 프로젝트를 개발하기 위한 모든 종속성을 포함하지만 완성된 모듈을 배포하거나 실행할 때 해당 파일은 포함되지 않아야 한다. 반면 click 라이브러리는 컨트롤을 개발하고 실행하는 데 모두 필요하기 때문에 requirements.txt 파일에 추가해야 한다.

새로운 컨트롤 기능을 사용하기 전에 카오스 툴킷 설치에서 접근할 수 있도록 프로젝트를 파이썬 모듈로 설치할 필요가 있다. 이를 위해 pip 명령을 사용해 다음과 같이 실행한다.

```
(chaostk) $ pip install -e .
...
Installing collected packages: chaostoolkit-hci
    Running setup.py develop for chaostoolkit-hci
Successfully installed chaostoolkit-hci
```

pip freeze 명령을 실행해 새로운 chaostoolkit-hci 개발 코드가 준비돼 있고 사용 가능한지 확인할 수 있다.

```
(chaostk) $ pip freeze
...
# Editable install with no version control (chaostoolkit-hci==0.1.0)
```

```
-e /Users/russellmiles/temp/chaostoolkit-hci
```

'버전 제어 없이 편집 가능'은 무엇을 의미하는가?

`pip freeze` 명령을 수행한 결과 새로운 `chaostoolkit-hci` 모듈이 "editable with no version control" 상태로 설치됐다고 보고하면 해당 종속성이 프로젝트의 로컬 디렉터리에 연결된 상태로 추가됐음을 의미한다. 카오스 툴킷 실행과 같이 프로젝트에 대한 어떠한 변경 사항도 즉시 파이썬 실행에 영향을 미칠 것이다. 이는 로컬 개발을 빠르게 진행할 수 있어 매우 좋다.

이 컨트롤을 처음으로 실행할 준비를 모두 마쳤다. 이렇게 하려면 간단한 실험이 필요하므로 chaostoolkit-hci/samples/simple-interactiveexperiment.json이라는 신규 파일을 생성하고 다음 코드를 파일에 추가한다.

```json
{
    "version": "1.0.0",
    "title": "A simple sample experiment that can be executed to show controls",
    "description": "Does nothing at all other than be executable \
                    by the Chaos Toolkit",
    "tags": [],
    "steady-state-hypothesis": {
        "title": "Assess the Steady State ... (not really in this case)",
        "probes": [
            {
                "type": "probe",
                "name": "hypothesis-activity",
                "tolerance": 0,
                "provider": {
                    "type": "process",
                    "path": "echo",
                    "arguments": "'updated'"
```

```
                }
            }
        ]
    },
    "method": [
        {
            "type": "action",
            "name": "method-activity",
            "provider": {
                "type": "process",
                "path": "echo",
                "arguments": "'updated'"
            }
        }
    ],
    "rollbacks": [
        {
            "type": "action",
            "name": "rollback-activity",
            "provider": {
                "type": "process",
                "path": "echo",
                "arguments": "'updated'"
            }
        }
    ]
}
```

이 실험은 모든 주요 영역에서의 활동을 포함하는 것 외에 실제로 다른 많은 작업을 수행하지 않는다. 정상 상태에 대한 가설, 방법, 롤백 영역은 각각 일부 텍스트를 단순히 표출하는 단일 활동을 포함한다. 여기서 중요한 점은 새로운 컨트롤을 보여줄 수 있는 실험을 하는 것이다.

새로운 컨트롤을 사용할 수 있지만 컨트롤은 기본적으로 비활성화돼 있다. 그러므로 지금 이 실험을 실행하면 컨트롤에서 추가할 상호작용이 표시되지 않을 것이다.

```
(chaostk) $ chaos run samples/simple-interactive-experiment.json
[2019-04-25 12:02:58 INFO] Validating the experiment's syntax
[2019-04-25 12:02:58 INFO] Experiment looks valid
[2019-04-25 12:02:58 INFO] Running experiment: A simple sample experiment \
                           that can be executed to show controls
[2019-04-25 12:02:58 INFO] Steady state hypothesis: Assess the \
                           Steady State ... (not really in this case)
[2019-04-25 12:02:58 INFO] Probe: hypothesis-activity
[2019-04-25 12:02:58 INFO] Steady state hypothesis is met!
[2019-04-25 12:02:58 INFO] Action: method-activity
[2019-04-25 12:02:58 INFO] Steady state hypothesis: Assess the \
                           Steady State ... (not really in this case)
[2019-04-25 12:02:58 INFO] Probe: hypothesis-activity
[2019-04-25 12:02:58 INFO] Steady state hypothesis is met!
[2019-04-25 12:02:58 INFO] Let's rollback...
[2019-04-25 12:02:58 INFO] Rollback: rollback-activity
[2019-04-25 12:02:58 INFO] Action: rollback-activity
[2019-04-25 12:02:58 INFO] Experiment ended with status: completed
```

실험은 잘 진행되고 있다. 하지만 실험이 실행되는 동안 말 그대로 실험을 제어할 수 있도록 새로운 사용자와 상호작용 컨트롤을 활성화해야 할 시간이다. 카오스 툴킷 컨트롤을 활성화하는 몇 가지 다른 방법이 있지만('컨트롤 활성화' 절 참고) 먼저 사용자와 상호작용을 활성화하려는 각 활동에 컨트롤을 추가해야 한다. 여기에 표시된 내용과 일치하도록 simple-interactiveexperiment.json 파일을 편집한다.

```
{
    "version": "1.0.0",
    "title": "A simple sample experiment that can be executed to show controls",
    "description": "Does nothing at all other than be executable \
                   by the Chaos Toolkit",
```

```
"tags": [],
"steady-state-hypothesis": {
    "title": "Assess the Steady State ... (not really in this case)",
    "probes": [
        {
            "type": "probe",
            "name": "hypothesis-activity",
            "tolerance": 0,
            "provider": {
                "type": "process",
                "path": "echo",
                "arguments": "'updated'"
            },
            "controls": [
                {
                    "name": "prompt",
                    "provider": {
                        "type": "python",
                        "module": "chaoshci.control"
                    }
                }
            ]
        }
    ]
},
"method": [
    {
        "type": "action",
        "name": "method-activity",
        "provider": {
            "type": "process",
            "path": "echo",
            "arguments": "'updated'"
        },
        "controls": [
```

```
                {
                    "name": "prompt",
                    "provider": {
                        "type": "python",
                        "module": "chaoshci.control"
                    }
                }
            ]
        }
    ],
    "rollbacks": [
        {
            "type": "action",
            "name": "rollback-activity",
            "provider": {
                "type": "process",
                "path": "echo",
                "arguments": "'updated'"
            },
            "controls": [
                {
                    "name": "prompt",
                    "provider": {
                        "type": "python",
                        "module": "chaoshci.control"
                    }
                }
            ]
        }
    ]
}
```

실험의 각 활동에 명시적인 controls 블록을 추가했다. 이는 각 활동이 실행되기
전에 계속하려면 아무 키나 누르라는 메시지를 사용자에게 표시함을 의미한다. 지

금 실험을 실행해 이를 테스트해본다.

```
(chaostk) $ chaos run samples/simple-interactive-experiment.json
[2019-04-29 11:44:05 INFO] Validating the experiment's syntax
[2019-04-29 11:44:05 INFO] Experiment looks valid
[2019-04-29 11:44:05 INFO] Running experiment: A simple sample experiment \
                           that can be executed to show controls
[2019-04-29 11:44:05 INFO] Steady state hypothesis: Assess the \
                           Steady State ... (not really in this case)
Press any key to continue ...
[2019-04-29 11:44:08 INFO] Probe: hypothesis-activity
[2019-04-29 11:44:08 INFO] Steady state hypothesis is met!
Press any key to continue ...
[2019-04-29 11:44:09 INFO] Action: method-activity
[2019-04-29 11:44:09 INFO] Steady state hypothesis: Assess the \
                           Steady State ... (not really in this case)
Press any key to continue ...
[2019-04-29 11:44:10 INFO] Probe: hypothesis-activity
[2019-04-29 11:44:10 INFO] Steady state hypothesis is met!
[2019-04-29 11:44:10 INFO] Let's rollback...
[2019-04-29 11:44:10 INFO] Rollback: rollback-activity
Press any key to continue ...
[2019-04-29 11:44:11 INFO] Action: rollback-activity
[2019-04-29 11:44:11 INFO] Experiment ended with status: completed
```

정상 상태에 대한 가설의 두 번째 활동을 포함해 각 활동을 계속할지 묻는 메시지
가 표시된다. 성공이다. 그러나 이 간단한 경우에는 각 활동에 대한 controls 블록
을 지정하지 않는 것이 더 좋을 수 있다. 실험의 모든 활동이 컨트롤을 적용할 대상
이라면 다음 코드와 같이 controls 블록을 실험의 최상위 수준으로 이동해 좀 더
반복을 피할 수 있다.

```
{
    "version": "1.0.0",
    "title": "A simple sample experiment that can be executed to show controls",
    "description": "Does nothing at all other than be executable \
                    by the Chaos Toolkit",
    "tags": [],
    "controls": [
        {
            "name": "prompt",
            "provider": {
                "type": "python",
                "module": "chaoshci.simplehci"
            }
        }
    ],
    "steady-state-hypothesis": {
        "title": "Assess the Steady State ... (not really in this case)",
        "probes": [
            {
                "type": "probe",
                "name": "hypothesis-activity",
                "tolerance": 0,
                "provider": {
                    "type": "process",
                    "path": "echo",
                    "arguments": "'updated'"
                }
            }
        ]
    },
    "method": [
        {
            "type": "action",
            "name": "method-activity",
            "provider": {
```

```json
            "type": "process",
            "path": "echo",
            "arguments": "'updated'"
        }
    }
],
"rollbacks": [
    {
        "type": "action",
        "name": "rollback-activity",
        "provider": {
            "type": "process",
            "path": "echo",
            "arguments": "'updated'"
        }
    }
]
}
```

이제 실험을 다시 실행하면 이전과 동일한 결과가 표시되지만 코드 반복은 훨씬 줄어든다.

실행 중인 모든 실험에 컨트롤을 적용해야 한다고 선언하려면 어떻게 해야 하는가?

실험 자체에 명시적으로 선언됐는지 여부와 관계없이 카오스 툴킷으로 실행할 수 있는 모든 실험에 컨트롤을 적용하려는 경우가 있다. 이렇게 하려면 카오스 툴킷 설정 파일에 컨트롤을 추가해야 한다('전역으로 컨트롤 활성화' 절 참고).

여러분의 첫 번째 컨트롤이 완성됐다. 이제 실험에서 개별 활동을 건너뛰거나 실행할 수 있는 다른 컨트롤을 좀 더 자세히 살펴보자.

실험 활동 건너뛰기 또는 실행

다음으로 구현할 카오스 툴킷 컨트롤은 특정 활동을 실행하거나 건너뛸 수 있는 '예/아니요' 방식의 상호작용을 제공한다. 컨트롤을 만드는 것이 얼마나 간단한지 살펴봤다. 이는 그저 작은 개선이 될 것이다. chaoshci 디렉터리에 aborthci.py라는 신규 파일을 생성하고 이 파일에 다음 코드를 추가한다.

```
# -*- coding: utf-8 -*-
from chaoslib.types import Activity
from chaoslib.exceptions import InterruptExecution

import click
from logzero import logger

__all__ = ["before_activity_control"]

def before_activity_control(context: Activity, **kwargs):
    """
    현재 활동을 계속하거나 중단할지 표시한다.
    """
    logger.info("About to execute activity: " + context.get("name")) ❶
    if click.confirm('Do you want to continue the experiment?'): ❷
        logger.info("Continuing: " + context.get("name")) ❸
    else:
        raise InterruptExecution("Activity manually aborted!") ❹
```

❶ 이곳에 활동이 곧 실행될 것을 나타내는 로깅 메시지를 추가한다. 이는 활동을 건너뛸 경우 기록하는 데 유용하다.

❷ 여러분은 click 라이브러리의 confirm(확인) 기능을 사용하고 있다. 이 기능은 질문한 다음 계속하려면 True를 반환하고, 그렇지 않으면 False를 반환한다.

❸ 사용자가 활동을 실행해야 한다고 지정하면 해당 활동은 로깅된다. 다른 작업은 수행할 필요가 없으며 그냥 평소처럼 계속하면 된다.

❹ 사용자가 활동을 계속하지 않고 대신 건너뛰고 싶다고 표시하면 카오스 툴킷의 InterruptException을 이용할 수 있다. 이 예외는 현재 활동의 실행만 중단하며 실험의 다음 활동은 여전히 계속하도록 허락한다.

samples/simple-interactive-experiment.json 파일의 이전 실험을 samples/abortable-interactive-experiment.json이라는 신규 실험 파일에 복사한다. 최상위 수준의 **controls** 블록에 있는 기존 **simplehci** 컨트롤의 위치에 새로운 **aborthci** 컨트롤을 활성화한다.

```
{
    "version": "1.0.0",
    "title": "A simple sample experiment that can be executed to show controls",
    "description": "Does nothing at all other than be executable \
                    by the Chaos Toolkit",
    "tags": [],
    "controls": [
        {
            "name": "prompt",
            "provider": {
                "type": "python",
                // 이곳에서 새로운 컨트롤로 변경한다.
                "module": "chaoshci.aborthci"
            }
        }
    ],
    ... 실험의 나머지 부분은 모두 동일하게 유지한다.
```

이제 새로운 실험과 컨트롤을 실행하고 실험 방법의 활동에 대한 질문이 있을 때 실험을 중단하도록 선택한다.

```
(chaostk) $ chaos run samples/abortable-interactive-experiment.json
```

```
[2019-04-25 13:06:01 INFO] Validating the experiment's syntax
[2019-04-25 13:06:01 INFO] Experiment looks valid
[2019-04-25 13:06:01 INFO] Running experiment: A simple sample \
                          experiment that can be executed to show controls
[2019-04-25 13:06:01 INFO] Steady state hypothesis: Assess the \
                          Steady State ... (not really in this case)
[2019-04-25 13:06:01 INFO] About to execute activity: hypothesis-activity
Do you want to continue the experiment? [y/N]: y
[2019-04-25 13:06:03 INFO] Continuing: hypothesis-activity
[2019-04-25 13:06:03 INFO] Probe: hypothesis-activity
[2019-04-25 13:06:03 INFO] Steady state hypothesis is met!
[2019-04-25 13:06:03 INFO] About to execute activity: method-activity
Do you want to continue the experiment? [y/N]: N
[2019-04-25 13:06:04 CRITICAL] Experiment ran into an unexpected fatal error, \
                          aborting now.
    Traceback (most recent call last):
        ...
    chaoslib.exceptions.InterruptExecution: Experiment manually aborted!
[2019-04-25 13:06:04 INFO] Let's rollback...
[2019-04-25 13:06:04 INFO] Rollback: rollback-activity
[2019-04-25 13:06:04 INFO] About to execute activity: rollback-activity
Do you want to continue the experiment? [y/N]: y
[2019-04-25 13:06:06 INFO] Continuing: rollback-activity
[2019-04-25 13:06:06 INFO] Action: rollback-activity
[2019-04-25 13:06:06 INFO] Experiment ended with status: aborted
```

실험이 중단됐다. 새로운 컨트롤은 예상대로 작동한다.

중단해도 롤백 활동의 실행이 취소되지 않는다

InterruptException이 일어나면 실험을 중단하는 마술이 발생하지만 rollbacks 영역의
활동은 여전히 시도되고 있음을 알 수 있다. rollbacks 영역의 활동은 실험이 중단된 경우
에도 항상 실행될 것이다.

요약

11장에서는 카오스 툴킷 컨트롤의 기능을 활용해 실행 중인 자동화된 카오스 실험을 제어하는 방법을 살펴봤다. 여러분은 두 개의 컨트롤을 처음부터 개발하고 특정 활동에 대해 트리거해야 하는지, 실험 기간 동안 내내 또는 모든 실험에 걸쳐 트리거해야 하는지 등 다양한 방법으로 이를 활성화할 수 있는 방법을 테스트했다.

12장에서는 시스템 취약점의 증거가 다시 나타나지 않았다는 신뢰와 확신을 구축하고자 지속적으로 실행할 수 있는 실험이 결국 가치 있는 카오스 테스트가 될 수 있는 방법을 살펴본다. 지속적인 카오스를 확인할 시간이다.

지속적인 카오스

여러분이 작성하고 실행하는 모든 카오스 실험으로 어두운 부채의 증거를 찾을 가능성이 높아진다. 여러분은 이것을 시스템을 향상하는 데 사용할 수 있고, 또한 이를 통해 많은 것을 배울 수 있다. 카오스 실험은 시스템의 탐색에서 시작할 것이다. 즉, "이런 일이 발생한다면 시스템이 살아남을 것으로 생각하는가?"라고 스스로에게 물어보는 방법이다. 시스템을 위한 실험 카탈로그를 점진적으로 구축해 선택한 가설 백로그를 탐색하고 사용자에게 영향을 미치기 전에 취약점을 미리 탐색하고 드러내고 있다는 신뢰와 확신을 쌓는 데 도움을 줄 것이다.

그리고 나서 여러분의 카오스 실험 중 일부는 현재의 수명주기에서 다른 단계로 전환할 것이다. 방금 설명한 것처럼 실험 수명주기의 첫 번째 단계는 시스템 취약점의 증거를 찾는 것이다. 모든 복잡한 사회공학 시스템에 내재된 어두운 부채를 탐색하고 발견하는 것이다. 시간이 지남에 따라 자동화된 카오스 실험이 입증된 취약점의 일부 또는 전체를 극복하도록 선택할 것이다. 그 시점에서 카오스 실험은 수명주기의 두 번째 단계에 진입한다. 이는 바로 카오스 테스트가 된다.

카오스 실험은 탐험이고 카오스 테스트는 검증이다. 카오스 실험이 취약점을 드러내고 편차가 발견되면 축하하는 반면, 카오스 테스트는 이전에 발견된 취약점이

극복됐는지 검증한다.[1]

더 좋은 소식이 있다. 카오스 실험과 카오스 테스트가 완전히 똑같아 보이고, 결과의 해석만 다를 뿐이다. 취약점의 증거를 찾기 위한 과학적 탐구가 되는 대신 이러한 취약점이 극복됐는지 검증하는 것이 목표가 됐다. 카오스 실험이나 게임 데이의 증거가 새로운 취약점으로 발견됐다는 것을 보여줄 때 카오스 엔지니어가 축하하는 경우 시스템 개선이 이뤄진 후에 동일한 실험을 카오스 테스트로 실행하고 해당 취약점의 증거가 전혀 발견되지 않았다면 카오스 엔지니어는 다시 한 번 축하할 것이다.

시간이 지남에 따라 가설, 카오스 실험(게임 데이와 자동화된 실험), 카오스 테스트(항상 자동화된)의 카탈로그를 작성할 것이다. 여러분은 이러한 실험을 다른 사람들과 공유하고, 기여 모델('기여 모델 지정' 절 참고)을 통해 시스템에 대한 신뢰와 확신을 높이고자 어떤 분야에 중점을 두고 있는지 증명할 것이다. 이러한 카오스 테스트를 더 강력한 것으로 만들 수 있는 방법이 하나 더 있다.

카오스 테스트는 추가적인 카오스 공학의 슈퍼파워를 가능하게 한다. 그들은 '지속적인 카오스'를 위한 잠재력을 활성화한다.

지속적인 카오스란 무엇인가?

지속적인 카오스는 여러분이 카오스 테스트를 정기적으로(흔히, 자주) 실행하는 것을 의미한다. 취약점을 반환하지 않았음을 확인하는 것이 목적이기 때문에 일반적으로 카오스 실험보다는 카오스 테스트를 사용한다. 카오스 테스트에 대한 실행을 더 자주 계획할수록 일시적인 상태로 인해 취약점이 반환되지 않았는지 더 자주

---

1. '축하'라는 표현은 시스템 취약점의 잠재적 증거를 찾는 여러분의 반응에 대한 너무나 강한 어조의 단어일 것이다. 하지만 이것이 카오스 실험의 목적이다.

확인할 수 있다.

지속적인 카오스 환경은 다음 세 가지 요소로 구성된다.

스케줄러

카오스 테스트를 수행할 수 있고 실행해야 하는 시점을 제어할 책임이 있다.

카오스 런타임

실험의 실행을 담당한다.

카오스 테스트 카탈로그

높은 수준의 신뢰와 확신을 가진 테스트로 발전된 실험의 모음(이에 대한 자세한 내용은 '지속적인 카오스는 사람의 개입이 없는 카오스 테스트가 필요하다' 참고)

그림 12-1은 이 세 가지 개념이 지속적인 카오스 환경에서 어떻게 함께 작동하는지 보여준다.

그림 12-1 지속적인 카오스 환경의 주요 부분

> **지속적인 카오스는 사람의 개입이 없는 카오스 테스트가 필요하다.**
>
> 카오스 실험은 일반적으로 정상 상태에 대한 가설에서 벗어난 편차를 극복하고(보통 실험을 다시 실행해 입증) 사람의 개입이 필요하지 않은 경우에만 카오스 테스트가 된다. 다시 말해 카오스 실험은 어떤 취약점도 발견하지 않는다고 확신하고 완전히 자율적으로 실행하는 것에 만족하면 지속적인 카오스를 위한 카오스 테스트가 된다.

지금까지 이 책에서는 카오스 툴킷을 카오스 런타임으로 사용하고 있으며, 카오스 테스트로 실행할 준비가 된 카오스 실험 모음을 구축했다. 이제 여러분의 도구 집합에 계획된 지속적인 카오스를 추가해 마지막 조각을 제자리에 배치할 시간이다.

cron을 사용해 지속적인 카오스 계획

카오스 툴킷은 chaos 명령을 통해 커맨드라인 인터페이스^{CLI}를 제공하므로 이를 cron 스케줄러에 연결할 수 있다.[2]

카오스 테스트 실행을 위한 스크립트 생성

여기서 cron을 사용하는 방법에 대한 모든 세부 내용을 다루지는 않겠지만 자신만의 지속적인 카오스 환경의 일부로 실행되도록 카오스 테스트를 예약하는 가장 간단한 방법 중 하나다.[3] 먼저 카오스 툴킷과 확장 모듈이 설치된 파이썬 가상 환경을 활성화해야 한다. 이렇게 하려면 runchaos.sh 파일을 만들고, 다음 내용을 추가해 chaostk 파이썬 가상 환경을 설정한다(카오스 툴킷이 설치된 위치에서). 그런 다음

---

2. 여러분이 윈도우 운영체제를 사용하고 있다면 작업 스케줄러(Task Scheduler)와 같은 다른 선택 사항도 있다.

3. cron을 사용해 작업을 예약하는 방법의 자세한 내용은 칼 알빙(Carl Albing)과 JP 보센(JP Vossen)이 쓴 『bash cookbook』 (O'Reilly, 2007)을 참고한다.

chaos --help 명령을 실행해 모든 것이 정상적으로 작동하는지 보여준다.

```
#!/bin/bash

source ~/.venvs/chaostk/bin/activate ❶

export LANG="en_US.UTF-8" # Needed currently for the click library
export LC_ALL="en_US.UTF-8" # Needed currently for the click library

chaos --help

deactivate ❷
```

❶ 카오스 툴킷과 필요한 확장 모듈이 설치된 파이썬 가상 환경을 활성화한다.

❷ 실행이 끝나면 파이썬 가상 환경을 비활성화한다. 이 기능은 실험의 필요에 따라 카오스 툴킷과 확장 모듈의 다른 설치 버전이 서로 다른 여러 개의 가상 환경과 함께 활성화하거나 비활성화할 수 있음을 보여주기 위해서만 포함한다.

runchaos.sh 파일을 저장하고 실행할 수 있게 만든다.

```
$ chmod +x runchaos.sh
```

이제 이 스크립트를 실행하면 다음 내용이 표시된다.

```
$ ./runchaos.sh
Usage: chaos [OPTIONS] COMMAND [ARGS]...

Options:
    --version           Show the version and exit.
    --verbose           Display debug level traces.
    --no-version-check  Do not search for an updated version of the
                        chaostoolkit.
```

```
    --change-dir TEXT        Change directory before running experiment.
    --no-log-file            Disable logging to file entirely.
    --log-file TEXT          File path where to write the command's log. [default:
                             chaostoolkit.log]
    --settings TEXT          Path to the settings file. [default:
                             /Users/russellmiles/.chaostoolkit/settings.yaml]
    --help                   Show this message and exit.

Commands:
    discover    Discover capabilities and experiments.
    info        Display information about the Chaos Toolkit environment.
    init        Initialize a new experiment from discovered capabilities.
    run         Run the experiment loaded from SOURCE, either a local file or a...
    validate    Validate the experiment at PATH.
```

이제 스크립트가 실행될 때 각 카오스 테스트를 순차적으로 실행해야 하는 만큼의 chaos run 명령을 runchaos.sh 스크립트에 추가할 수 있다. 예를 들면 다음과 같다.

```bash
#!/bin/bash

source ~/.venvs/chaostk/bin/activate

export LANG="en_US.UTF-8" # Needed currently for the click library
export LC_ALL="en_US.UTF-8" # Needed currently for the click library

chaos run /absolute/path/to/experiment/experiment.json
# Include as many more chaos tests as you like here!

deactivate
```

여러분의 실험 파일을 항상 로컬 환경에서 사용한다면 이 스크립트는 정상적으로 작동한다. 그렇지 않은 경우라면 다른 선택 사항은 카오스 툴킷이 URL에서 실험을 로드하도록 지시하는 것이다.[4] chaos run 명령에서 URL을 참조하도록

---

4. 명시한 URL은 chaos run 명령을 실행할 시스템에서 연결할 수 있어야 한다.

runchaos.sh 파일을 수정해 이를 수행할 수 있다.

```bash
#!/bin/bash

source ~/.venvs/chaosinteract/bin/activate

export LANG="en_US.UTF-8" # Needed currently for the click library
export LC_ALL="en_US.UTF-8" # Needed currently for the click library

chaos run /Users/russellmiles/temp/simpleexperiment.json
# Include as many more chaos tests as you like here!

deactivate
```

cron에 카오스 테스트 스크립트 추가

이제 시스템의 crontab(cron 테이블)에 항목을 추가해 cron으로 작업을 예약할 수 있다. crontab 파일을 열려면 다음을 실행한다.

```
$ crontab -e
```

그러면 터미널의 기본 편집기에서 파일을 열 것이다. 다음 줄을 추가해 1분마다 runChaosTests.sh 스크립트를 실행한다.

```
*/1 * * * * absolute/path/to/script/runChaosTests.sh
```

파일을 저장하고 종료하면 'crontab: installing new crontab'(새로운 crontab을 설치하고 있습니다)라는 메시지를 확인할 것이다. 잠시 기다린다. 모든 것이 올바르게 작동한다면 카오스 테스트가 cron에 의해 1분마다 실행될 것이다.

젠킨스로 지속적인 카오스 계획

대상 시스템에 변경 작업이 있을 때마다 카오스 테스트가 실행되도록 예약하는 것은 매우 일반적인 선택이므로 지금부터 설정하는 것을 진행할 예정이다.[5] 여러분은 지속적인 통합과 배포 파이프라인을 위해 널리 사용되는 오픈소스 젠킨스[Jenkins]를 설치할 것이다. 그리고 추가 배포 단계로 카오스 테스트를 해당 환경에 추가할 것이다.

배포 파이프라인에서 카오스 실험?

지속적인 카오스의 목표는 지속적인 배포 파이프라인에 여러분의 카오스 실험과 테스트를 포함해야 한다는 생각으로 쉽게 연결될 수 있다. 소프트웨어의 신규 버전을 배포할 때마다 여러분의 카오스 실험과 테스트를 실행할 수 있고, 새로운 버전의 시스템에서 어떤 취약점이 발견되면 배포를 롤백할 수 있다는 생각이다.

카오스 테스트를 이러한 방식으로 사용하는 것은 가치가 있다. 하지만 시스템의 취약점은 배포 시점에서만 발생하지 않는다. 카오스 실험과 테스트에 의해 언제든지 취약점이 발생하고 발견될 수 있으므로 지속적인 배포 파이프라인보다 더 자주 실행되도록 카오스 실험의 실행을 예약하는 것이 좋은 생각이다.

젠킨스 복사본 가져오기

먼저 젠킨스 서버를 실행할 필요가 있다. 이를 수행하는 가장 간단한 방법은 여러분의 운영체제에 맞는 설치 파일을 다운로드하고 로컬 환경에 설치하는 것이다.[6] 젠킨스를 다운로드해 설치하고, 잠금을 해제해 작업할 준비가 되면 그림 12-2와 같이 젠킨스의 홈 화면이 표시된다.

---

5. 블루-그린 배포(무중단 배포 방법 중 하나) 동안 롤백하는 것도 선택할 수 있다.

6. 젠킨스 인스턴스를 이미 사용할 수 있다면 기존 설치된 내용을 자유롭게 사용해도 된다.

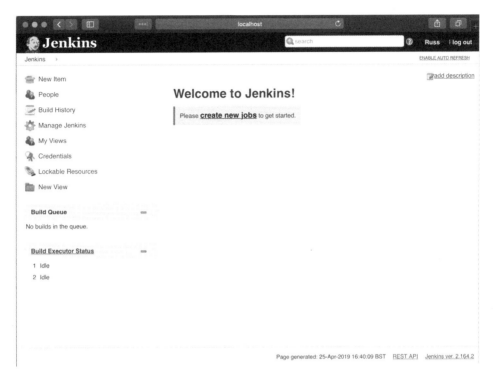

그림 12-2 젠킨스 설치와 사용 준비 완료

젠킨스 빌드에 카오스 테스트 추가

이제 카오스 테스트를 실행하는 방법을 젠킨스에 알려줄 준비가 됐다. 젠킨스 홈 화면에서 'create new jobs^{새 작업 만들기}' 링크를 클릭한다(그림 12-2 참고). 그런 다음 어떤 유형의 젠킨스 작업을 만들고 싶은지 묻는 메시지가 표시된다. 'Freestyle project'를 선택하고, 'Run Chaos Tests'와 같은 이름을 지정한다(그림 12-3 참고).

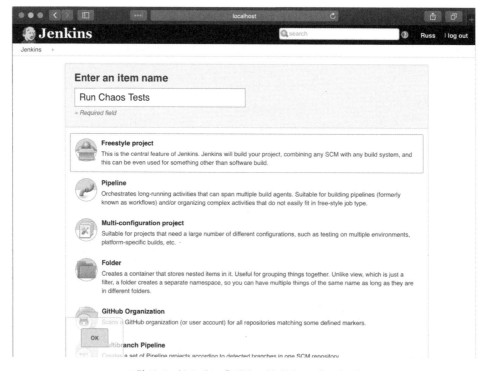

그림 12-3 카오스 테스트용 젠킨스 자유 형식 프로젝트 만들기

확인을 클릭해 새 프로젝트를 생성하면 작업을 구성할 수 있는 화면이 표시될 것이다. 젠킨스를 최대한 잘 활용하도록 이곳에서 완료할 수 있는 작업이 많지만, 우리의 목적을 위해 여러분은 카오스 테스트를 실행할 수 있도록 최소한의 작업을 수행할 것이다. 페이지에서 'Build' 섹션으로 이동해 Add build step 버튼을 클릭한 다음 (그림 12-4 참고) 'Execute shell'을 선택한다.

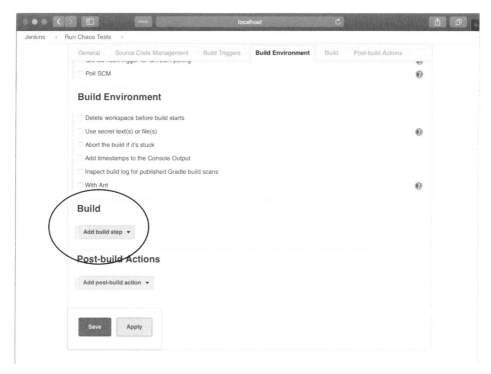

그림 12-4 새 빌드 단계 추가

젠킨스가 실행할 셸 명령을 지정하라는 메시지가 표시될 것이다. 이전에 만들었던 run-chaos-tests.sh 스크립트를 다시 사용할 것이다. 따라서 run-chaos-tests.sh 파일의 전체 실행 경로를 입력한 다음 Save 버튼을 클릭한다(그림 12-5 참고).

그림 12-5 run-chaos-tests.sh 셸 스크립트 호출

이제 Run Chaos Tests 작업 페이지로 돌아갈 것이다. 모든 내용이 정상적으로 작동하는지 테스트하려면 Build Now 링크를 클릭한다. 빌드 기록 창(그림 12-6)에 새 빌드 작업이 성공적으로 완료됐다는 내용을 볼 수 있다.

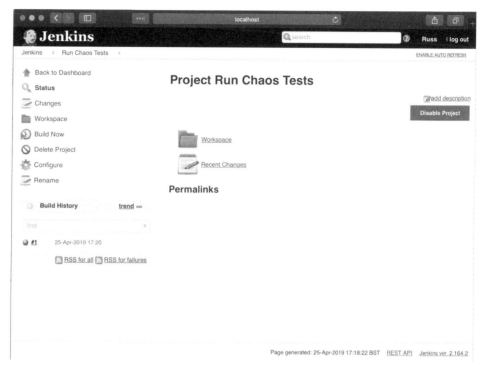

그림 12-6 Run Chaos Tests 작업의 성공적인 단일 실행

빌드 실행 링크(예, 작업 번호)를 클릭한 다음, Console Output 링크(그림 12-7)를 클릭
하면 카오스 테스트를 실행한 결과를 볼 수 있다.

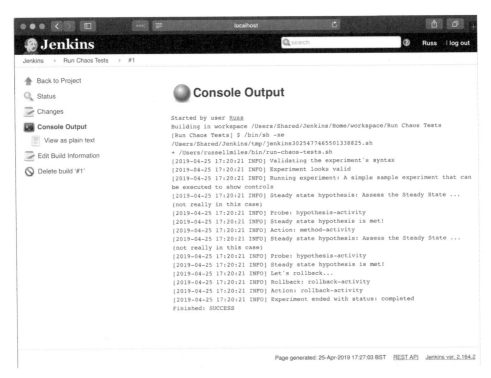

그림 12-7 카오스 테스트의 콘솔 출력

대단하다. 여러분은 이제 카오스 테스트를 실행하는 젠킨스를 완성했다. 그러나 Build Now 버튼을 클릭하는 것은 거의 '지속적'이다. 지속적인 카오스를 가능하게 하려면 적절한 빌드 트리거를 추가해야 한다.

빌드 트리거를 사용해 젠킨스에서 카오스 테스트 계획

다른 프로젝트의 빌드 성공에 대한 트리거를 포함해 여러 가지 방법으로 여러분의 Run Chaos Tests 젠킨스 작업을 트리거할 수 있다. 우리의 목적을 위해 앞서 cron에서 했던 것처럼 단순히 일정에 따라 작업을 트리거해 지속적인 카오스가 일어나는 것을 볼 수 있다. 실제로 젠킨스의 예정된 빌드는 정확히 동일한 cron 패턴으로 지정됐으므로 지금 바로 수행해본다.

Run Chaos Tests 작업의 홈 페이지에서 Configure^{구성}를 클릭한 다음, Build Triggers^{빌드} ^{유발} 탭으로 이동한다(그림 12-8 참고). Build periodically를 선택한 다음 이전에 crontab 파일을 편집할 때 사용한 것과 동일한 cron 패턴을 입력한다.

```
*/1 * * * *
```

그림 12-8은 완료된 빌드 트리거의 모습을 보여준다.

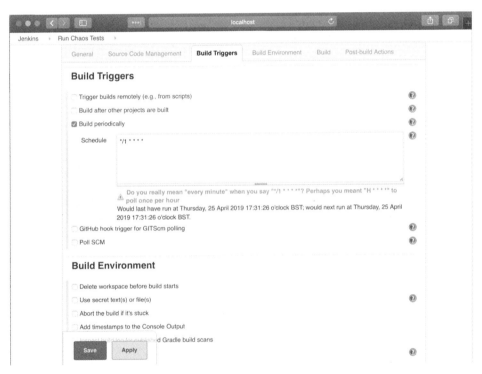

그림 12-8 1분마다 트리거되도록 Run Chaos Tests 작업 구성

이제 작업 홈 페이지로 돌아가면 1분마다 새로운 카오스 테스트의 실행을 볼 수 있다.

요약

수동적인 게임 데이에서부터 자동화된 카오스 실험, 카오스 테스트와 지속적인 카오스까지의 진행을 이제 완료했다. 지속적인 카오스 환경을 구축함으로써 게임 데이 사이에 긴 지연 없이 필요한 만큼 자주 취약점을 검색하고 자신 있게 표면화할 수 있다.

그러나 카오스 공학으로의 여정은 이제 시작에 불과하다.

카오스 공학은 절대 멈추지 않는다. 시스템이 사용되는 한 여러분은 시스템에서 취약점의 증거를 탐색하고 표면화하는 데에서 가치를 찾을 수 있다. 카오스 공학은 결코 끝나지 않는다. 그리고 이것은 좋은 일이다. 카오스 공학의 진정한 가치는 가능한 한 빨리 시스템 취약점의 증거를 확보하는 것이므로 카오스 엔지니어로서 여러분과 여러분의 팀은 이를 대비하고 나아가 극복할 수 있다. 카오스 공학은 사고방식, 프로세스, 기술, 도구의 집합으로, 조직에서 복원 공학의 일부 기능이며 여러분은 이제 해당 기능에서 역할을 수행할 준비가 됐다. 카오스 공학이 지원하는 학습 루프를 구축하면 모든 사람이 카오스 엔지니어가 될 수 있고 시스템의 신뢰성에 기여할 수 있다.

행운을 빈다. 그리고 행복한 카오스 공학을 하길...

카오스 툴킷 참조

카오스 툴킷의 핵심은 chaos 명령을 도입하는 간단한 커맨드라인 인터페이스다.

기본 Chaos 명령

카오스 툴킷을 설치한 후(4장 참고) chaos --help 명령을 실행하면 지원되는 하위 명령의 목록이 표시될 것이다.

```
(chaostk) $ chaos --help
Usage: chaos [OPTIONS] COMMAND [ARGS]...

Options:
    --version             Show the version and exit.
    --verbose             Display debug level traces.
    --no-version-check    Do not search for an updated version of the
                          chaostoolkit.
    --change-dir TEXT     Change directory before running experiment.
    --no-log-file         Disable logging to file entirely.
    --log-file TEXT       File path where to write the command's log. [default:
                          chaostoolkit.log]
    --settings TEXT       Path to the settings file. [default:
```

```
                        /Users/russellmiles/.chaostoolkit/settings.yaml]
    --help              Show this message and exit.

Commands:
    discover   Discover capabilities and experiments.
    info       Display information about the Chaos Toolkit environment.
    init       Initialize a new experiment from discovered capabilities.
    run        Run the experiment loaded from SOURCE, either a local file or a...
    validate   Validate the experiment at PATH.
```

이는 하위 명령의 기본 집합이다. 특히 보고서 플러그인을 설치했다면('사람이 읽을 수 있는 카오스 실험 보고서 생성과 공유' 절 참고) 여기에 나열된 것보다 더 많은 내용을 볼 수 있다. 이 책 전반에 걸쳐 사용했던 chaos run 명령을 약간 능가하는 작업 흐름을 나타낸다(그림 A-1 참고).

그림 A-1 발견, 초기화, 검증, 실행을 위한 작업 흐름

옵션 탐색

또한 --help를 추가해 하위 명령에 대한 모든 옵션을 검사할 수도 있다(예를 들어 chaos discover --help).

여러분은 chaos run 명령을 사용해 JSON이나 YAML 형식의 실험을 실행할 수 있다는 것을 이미 알고 있다. 이 명령은 정상적으로 작동하며, 쉽게 사용할 수 있고 가장 일반적인 명령이다. 다른 명령은 실험을 작성하는 데 도움이 되므로 지금부터 자세히 살펴본다.

chaos discover 명령으로 무엇이 가능한지 발견

새로운 카오스 툴킷 실험을 작성할 때 시작점 중 하나는 discover 명령이다. discover를 사용하면 여러분의 카오스 툴킷이 실험 환경을 가리키게 하고, 무엇이 있는지 툴킷이 발견하게 한다. 그리고 검색된 정보를 사용해 향후 실험의 생성에 정보를 제공할 수 있다('chaos init 명령으로 신규 실험 작성' 절 참고).

다음 사례는 위 내용을 실제로 보여주고자 discover 명령을 사용해 쿠버네티스 대상 시스템을 검사하고 무엇이 존재하는지 발견하기 위한 것이다.

```
(chaostk) $ chaos discover chaostoolkit-kubernetes
[2019-05-16 14:38:35 INFO] Attempting to download and install package \
                           'chaostoolkit-kubernetes'
[2019-05-16 14:38:36 INFO] Package downloaded and
                           installed in current environment
[2019-05-16 14:38:37 INFO] Discovering capabilities from chaostoolkit-kubernetes
[2019-05-16 14:38:37 INFO] Searching for actions
[2019-05-16 14:38:37 INFO] Searching for probes
[2019-05-16 14:38:37 INFO] Searching for actions
[2019-05-16 14:38:37 INFO] Searching for probes
[2019-05-16 14:38:37 INFO] Searching for actions
[2019-05-16 14:38:37 INFO] Discovery outcome saved in ./discovery.json
```

chaos discover 명령을 실행할 때 확장 모듈의 이름을 카오스 툴킷에 제공해야 한다 (이 경우 쿠버네티스 확장 모듈 chaostoolkit-kubernetes다). 이 확장 모듈은 카오스 툴킷에서 사용되는 호출이므로 코드에서 discover 함수를 제공해야 한다. chaostoolkit-kubernetes 드라이버에서 discover 함수의 구현을 볼 수 있다.

```
def discover(discover_system: bool = True) -> Discovery:
    """
    이 확장 모듈이 제공하는 쿠버네티스 기능을 살펴본다.
```

```
    """
    logger.info("Discovering capabilities from chaostoolkit-kubernetes")

    discovery = initialize_discovery_result(
        "chaostoolkit-kubernetes", __version__, "kubernetes")
    discovery["activities"].extend(load_exported_activities())
    return discovery
```

 아무것도 발견할 수 없다.

일부 확장 모듈은 discover 함수를 구현하지 않으므로 chaos discover와 함께 참조할 때 특별한 것을 반환하지 않을 것이다.

여러분이 chaos discover chaostoolkit-kubernetes 명령을 실행하면 카오스 툴킷은 먼저 chaostoolkit-kubernetes 파이썬 모듈이 설치됐는지 여부를 확인한다. 설치돼 있지 않은 경우 툴킷이 해당 모듈의 설치를 시도할 것이다. 그런 다음 카오스 툴킷은 discover 함수를 사용해 현재 구성된 쿠버네티스 환경에서 사용할 수 있는 내용을 탐색할 것이다. 명령 출력에서 알 수 있듯이 discover 명령은 다음 내용을 포함할 수 있는 대상 시스템의 관점을 구성한다.

활동

확장 모듈이 대상 시스템에 대해 작업하고자 유용하게 제공할 수 있는 조사 항목이나 동작

시스템 정보

추후 실험을 생성할 때 도움이 될 수 있는 대상 시스템에 대한 정보의 모음

이 모든 정보는 기본적으로 discovery.json이라는 파일로 반환된다. --discovery-path 매개변수를 chaos discover 명령에 전달해 발견된 정보에 대해 파일 이름을 다르게 지정할 수 있다. 새로 만들어진 discovery.json 파일을 열고 주어진 chaos discover의 실행에서 반환된 정보의 종류를 볼 수 있지만 이 파일의 실제 장점은 작업 흐름의 다음 단계인 chaos init에서 사용된다는 것이다.

chaos init 명령으로 신규 실험 작성

chaos discover 명령은 곧 작성될 카오스 실험이 목표로 삼고 있는 대상 시스템에 대한 원시 정보를 생성한다. 확보된 discovery.json 파일을 사용하면 여러분은 이제 chaos init 명령으로 발견된 정보를 기반으로 새로운 실험을 초기화할 수 있다.

```
(chaostk) $ chaos init
You are about to create an experiment.
This wizard will walk you through each step so that you can build
the best experiment for your needs.

An experiment is made up of three elements:
- a steady-state hypothesis [OPTIONAL]
- an experimental method
- a set of rollback activities [OPTIONAL]

Only the method is required. Also your experiment will
not run unless you define at least one activity (probe or action)
within it
Experiment's title:
...
```

discovery.json 파일에서 제공하는 정보는 chaos init 명령에서 신규 실험의 초기 버전을 설명하는 마법사 스타일의 질문 모음을 제공하는 데 사용된다. 작업을 완료하면 개선하고 실행할 수 있는 experiment.json 파일이 새로 만들어진다.

chaos validate 명령으로 실험 확인

chaos run 명령으로 실험을 실행하면 실험의 단계가 진행되기 전에 실험의 형식을 검증한다. --no-validation 스위치를 사용해 이러한 검증 단계를 사용하지 않을 수 있지만 대부분의 경우에는 이 단계가 중요하다.

chaos discover와 chaos init을 사용해 처음부터 신규 실험을 구성할 때 실험을 실행하지 않고 실험의 형식을 검증하는 것이 유용할 수 있다. --dry 스위치를 제공해 chaos run 명령으로 이를 수행할 수 있지만 대신 chaos validate 명령을 사용하는 것이 더 깔끔하다.

chaos discover, chaos init, chaos validate 명령의 조합은 실험의 생성을 용이하게 하고자 존재한다. 이러한 도구를 사용하면 카오스 툴킷이 실행할 JSON과 YAML 형식의 실험을 빠르게 만들 수 있다.

플러그인으로 카오스 명령 확장

또한 카오스 툴킷 플러그인을 사용해 chaos 명령의 동작을 확장할 수 있다. 이 기능은 기본적으로 제공되는 것 외에도 자신만의 사용자 정의 하위 명령을 도입하는 경우에 유용하다.

이미 봤던 한 가지 사례는 chaostoolkit-reporting 플러그인이다. 카오스 툴킷은 파이썬 라이브러리 click을 사용해 명령을 관리하고 chaostoolkit-reporting 플러그인은 report 함수에서 해당 명령을 구현해 chaos report 하위 명령으로 툴킷을 확장한다.

```
@click.command()
@click.option('--export-format', default="markdown",
```

```
                help='Format to export the report to: html, markdown, pdf.')
@click.argument('journal', type=click.Path(exists=True), nargs=-1)
@click.argument('report', type=click.Path(exists=False), nargs=1)
def report(export_format: str = "markdown", journal: str = "journal.json",
           report: str = "report.md"):
    """
    저널을 실행해 보고서를 생성한다.
    """
    header = generate_report_header(journal, export_format)
    report_path = report
    reports = []

    if len(journal) == 1 and not os.path.isfile(journal[0]):
        journal = glob(journal)

    for journal in journal:
        reports.append(generate_report(journal, export_format))
save_report(header, reports, report_path, export_format)
click.echo("Report generated as '{f}'".format(f=report))
```

또한 여러분은 이러한 방식으로 자신만의 고유한 명령을 구현해 사용자 정의 확장 프로젝트에 카오스 툴킷 커맨드라인 인터페이스 플러그인 확장 모듈을 추가할 수 있다(8장 참고).

카오스 툴킷 커뮤니티 플레이그라운드

여러분은 이 책을 읽으며 카오스 공학을 마스터하기 위한 여정을 시작했다. 책에 포함된 예제를 통해 카오스 실험과 게임 데이가 시스템 취약점의 증거를 표면화하는 방법을 확인해 시스템의 사용자에게 영향을 미치기 전에 어떤 취약점을 학습하고 해결해야 하는지 우선순위를 정할 수 있었다. 아주 좋은 시작이다.

다음 단계는 더 어려울 수 있다. 여러분 자신만의 시스템에 대한 게임 데이와 카오스 실험의 실행을 시작하기 전에 좀 더 연습하고 싶을 수 있다. 취약점의 증거에 대응해 다른 시스템이 어떻게 진화했는지 다른 사람의 실험을 보고 싶을 수도 있다. 카오스 공학이 제공할 수 있는 증거와 통찰력을 배우고자 실제 시스템(샌드박스나 운영환경)을 탐색하는 것보다 더 나은 것은 없지만 여러분이 첫 번째 단계를 수행할 때는 더 작고, 더 단순하고, 더 안전한 시스템을 작업하는 것이 실제로 도움이 될 수 있다.

이것이 바로 카오스 툴킷 커뮤니티 플레이그라운드의 모든 것이다.

카오스 툴킷 커뮤니티는 다양한 유형의 시스템과 이에 수반되는 카오스 실험을 탐색할 수 있는 오픈소스와 무료 프로젝트로 커뮤니티 플레이그라운드를 만들었다. 플레이그라운드의 각 예제 시스템에는 실험을 통해 근본적인 시스템 개선으로 이어진 결과를 확인할 수 있는 기록이 포함돼 있다. 이를 통해 시간이 지남에 따라 카오스 공학이 취약점의 증거를 표면화하고자 사용된 다음, 이러한 취약점이 다양한 배포에서 극복됐는지 확인할 수 있다.

이미 이 책의 예제 코드를 탐색하면서 플레이그라운드와 함께 작업했다. 이 코드는 시스템 취약점을 극복하기 위한 새로운 실험과 새로운 전략으로 계속 진화하고 있다. 커뮤니티 플레이그라운드는 커뮤니티의 다른 사람들과 함께 이러한 실험과 시스템을 다룰 수 있어 카오스 공학 기술을 연마하기에는 최고의 장소다. 자신만의 카오스 공학 수준을 한 단계 더 높이고 그 경험을 다른 사람들과 공유할 수 있는 안전한 장소다.

또한 여러분은 카오스 툴킷 슬랙 채널에 등록할 수 있다. 여기에서는 커뮤니티 플레이그라운드의 다양한 예제 애플리케이션과 이에 수반되는 실험이 논의되고 유지된다. 카오스 공학은 강력한 규율이자 연습이며 카오스 툴킷 커뮤니티 플레이그라운드는 이 책에서 배운 기술을 다음 단계로 끌어올릴 수 있는 곳이다.

전체 카오스 툴킷 커뮤니티를 대신해 여러분을 그곳에서 볼 수 있기를 기대한다.

찾아보기

카오스 공학

견고한 시스템을 만드는 카오스 공학의 이론과 실제

발 행 | 2021년 2월 26일

지은이 | 러 스 마일스
옮긴이 | 권 병 섭

펴낸이 | 권 성 준
편집장 | 황 영 주
편 집 | 조 유 나
디자인 | 윤 서 빈

에이콘출판주식회사
서울특별시 양천구 국회대로 287 (목동)
전화 02-2653-7600, 팩스 02-2653-0433
www.acornpub.co.kr / editor@acornpub.co.kr

책값은 뒤표지에 있습니다.